¿pareja de un día
o de por vida?

neil clark warren, ph.d

GRUPO NELSON
Una división de Thomas Nelson Publishers
Desde 1798

NASHVILLE DALLAS MÉXICO DF. RÍO DE JANEIRO BEIJING

Editorial Betania es una división de Grupo Nelson
©2006 Grupo Nelson
Una división de Thomas Nelson, Inc.
Nashville, TN, Estados Unidos de América
www.gruponelson.com

Título en inglés: *Date... or Soul Mate?*
©2002 por Neil Clark Warren
Publicado por Nelson Books
Una división de Thomas Nelson, Inc.

Ciertas secciones de este libro fueron publicadas anteriormente como
How to Know if Someone Is Worth Pursuing in Two Dates or Less.
©1999 Neil Clark Warren

Traducción: *Galen & Joanie Yorba-Gray*
Diseño interior: *Grupo Nivel Uno, Inc.*

ISBN 0-88113-996-3
ISBN 978-0-88113-996-9

Impreso en Estados Unidos de América
3ª Impresión, 1/2008

Este libro está dedicado a
Gregory Thomas Forgatch
y Lorraine Warren Forgatch,
quienes amorosamente me introdujeron
a la gran importancia de elegir pareja sabiamente.

ÍNDICE

RECONOCIMIENTOS

Este libro representa una edición nueva y mejorada de nuestra obra anterior, *How to Know if Someone Is Worth Pursuing in Two Dates or Less*. Lo importante es que esta nueva edición contiene las veintinueve dimensiones esenciales que, según nuestra investigación clínica y empírica, son cruciales para la unión de una pareja que desea permanecer casada para toda la vida. Todo el contenido de este libro está relacionado intrínsecamente con nuestro sitio en la red para solteros, www.eharmony.com. Cada idea incluida aquí ha sido cuidadosamente investigada con cientos de miles de parejas unidas por medio de la red: eharmony.com.

Quisiera reconocer y agradecer sinceramente a todo nuestro personal de eharmony que contribuyó de modo significativo a este libro.

El primero y más importante de todos es Grez Forgatch, nuestro director ejecutivo. Él es cofundador de eharmony, y ha participado en cada detalle de nuestro modelo de eharmony.

Dr. Galen Buckwalter, director de estrategia investigativa, es un genio de la difícil investigación científica de todo aquello que tiene que ver con un emparejamiento exitoso para toda la vida.

Steve Carter diseñó y construyó el sitio web de eharmony, permitiendo que los lectores de este libro apliquen inmediatamente estos principios en las relaciones de la vida real.

Absolutamente nada de lo que hago sería posible sin la ayuda fiel y competente de mi asistente administrativa, Sue Braden.

También agradezco a Greg Steiner, nuestro vicepresidente de operaciones, por su dirección de nuestro servicio de relaciones, y quien me informaba constantemente de la eficacia de estos principios en los noviazgos de miles de solteros.

Y, por último, es imposible no comunicar mis sentimientos de amor y aprecio por mi esposa y compañera de trabajo, Marylyn Mann Warren. Ella es una parte significativa y central del equipo de eharmony, pero más importante, ella es la persona que me ha enseñado prácticamente todo lo que sé sobre el amor y la vida.

INTRODUCCIÓN

POR QUÉ VAS A QUERER LEER ESTE LIBRO... Y POR QUÉ QUIERO QUE LO LEAS

Permíteme decirte al principio que este libro puede ser una herramienta poderosa para ti en tu búsqueda de alguien para amar por el resto de tu vida. Para sacar el máximo beneficio, es mejor leerlo conjuntamente con tu participación en nuestro sitio de la red, www.eharmony.com. Todo el contenido de este libro encaja bien con el enfoque de eharmony. Y cuando los miles y miles de solteros que forman parte de eharmony se ponen a tu disposición como parejas potenciales, tu desafío será escoger a la mejor persona entre varios individuos disponibles.

Este libro, entonces, te dará todos los principios necesarios para encontrar al amor de tu vida, e eharmony proveerá un puente entre los principios de este libro y las verdaderas oportunidades. En última instancia: Simplemente, no tendrás que perder el tiempo en busca de tu alma gemela, esa persona que es tu pareja maravillosa, igual a ti en una variedad amplia de cualidades vitales. Es más, la contribución de eharmony te mostrará la importancia de decidir pronto en la relación, el sí o no de seguir adelante con una persona. ¿Por qué? Porque tendrás más candidatos disponibles que nunca. Por lo tanto, posiblemente querrás leer este libro porque estás cansado de salir con alguien por demasiado tiempo sin resultado. Tal vez siempre descubras que las personas con que sales no son apropiadas, pero pierdes demasiado tiempo en descubrirlo. En realidad, hubiera sido posible darte cuenta de esto después de sólo dos encuentros. El secreto es aprender a identificar pronto las relaciones sin futuro para no invertir más de lo necesario en tiempo, energía y afecto y estarás libre para conocer candidatos más prometedores.

Aquí tienes otra razón para leer este libro: la eficacia del noviazgo es una función del razonamiento claro; llegarás a ser más «competente en el noviazgo» mientras aprendes a pensar con más claridad sobre ti y sobre la persona con quien quieres casarte. Si estás confundido sobre las cualidades que *requieres* de tu esposo o esposa, o si no estás seguro de las cualidades *inso-*

portables, tu nivel de eficacia seguramente será menos que lo ideal. Este libro trata directamente acerca de tus listas de «requisitos» y de «cosas insoportables», y cuando termines con la creación de estas listas a tu satisfacción completa, serás un verdadero experto en el arte del noviazgo.

Y tercero, te prometo que cuando hayas leído este libro e implementado las estrategias que recomiendo, serás mucho más atractivo para la persona con quien tienes el mayor deseo de casarte. Si esto no es razón suficiente para leer este libro, ¡no sé cuál es!

Así funciona. Una vez que llegues a conocerte a fondo y hayas comprendido exactamente la clase de persona con quien te quieres casar, estarás más preparado para reconocer a esta persona cuando él o ella lleguen. Serás capaz de escoger a este individuo de entre la muchedumbre. Y si hay algo mejor que esto, es ser escogido de entre la muchedumbre *por* el amor de tu vida.

Cuando el individuo que piensa que eres exactamente la persona que andaba buscando te trate maravillosamente, seguramente vas a pensar que aquél es más atractivo que nadie. En realidad, todo el mundo se muere de ganas de tener un buen sentido de autoestima, y cuando nos sintamos especialmente bien con cierto individuo, nos quedaremos asombrados de cuán importante y atractiva es esta persona y viceversa.

Entonces en breve, aquí tenemos las tres razones por las cuales querrás leer este libro:

1. Quieres dejar en el pasado una infructuosa historia sentimental de noviazgos que han sido miserables, pérdidas de tiempo, y sin futuro.

2. Quieres saber exactamente qué estás haciendo cuando sales con alguien, exactamente la clase de persona con quien te quieres casar, y exactamente cómo sacar el mejor resultado del proceso de noviazgo.

3. Quieres ser lo más atractivo posible a la persona misma que te atrae más que nadie.

Y AQUÍ TIENES LAS RAZONES POR LAS CUALES QUIERO QUE LEAS ESTE LIBRO

Primero, un noviazgo con buen juicio aumentaría el porcentaje de matrimonios exitosos y naturalmente, reduciría los incidentes de fracaso. Una gran cantidad de los fracasos matrimoniales podría evitarse si a la gente se le enseñara a enfrentar sus dificultades relacionales temprano en el proceso del noviazgo. ¿Por qué? Porque demasiadas parejas siguen saliendo juntas por mucho tiempo aunque es obvio que su relación tiene graves defectos. Cuanto más salgan juntas, más difícil se hará la separación. Una cantidad espantosa de parejas nunca tiene el valor de cortar la relación y acaban casándose. Estos matrimonios están condenados al fracaso desde el principio.

Segundo, quiero que leas este libro para que puedas formar parte de una revolución mundial. Si es verdad que los matrimonios fracasados y la descomposición de la familia son causas significativas del caos social, de la violencia, y del tumulto alrededor del mundo (y hay investigaciones anonadantes que apoyan esta declaración), entonces vamos a hacer algo para resolver estos problemas. Si sigues los principios para casarte con la persona apropiada, tendrás éxito en el aspecto más fundamental de la vida humana. Además, llegarás a ser tan confiado en tus habilidades que vas a compartirlas con tus amigos, tus parientes, y cada persona que te escuche. Si pudiéramos reducir solamente el cinco por ciento el índice del divorcio en los Estados Unidos, afectaríamos a más de un millón de personas en una generación (sin mencionar los millones de las generaciones que siguen). Aun más emocionante, si pudiéramos reducir el índice de divorcio en nuestro país a los dígitos simples, esto representaría la revolución social más importante en la historia del mundo.

¿Es esta idea demasiado noble y exagerada? ¡Creo que no! Quiero formar parte de ese cambio, junto contigo, y no puedo pensar en nada más estimulante que hacer una contribución positiva a millones de personas que van a casarse en los años que vienen, incluyendo sus hijos y sus nietos. ¿No quieres unirte conmigo?

Capítulo

uno

GANAR EN EL JUEGO DEL NOVIAZGO

Una mujer perturbada me sacó a un lado después de una conferencia para solteros.

«Me llamo Christy y necesito tu ayuda», anunció.

«¿Cuál es el problema?» le pregunté.

«Hace un año que salgo con mi novio, Steve, pero ahora estoy convencida de que no somos compatibles».

Le pregunté cómo había llegado a esa conclusión.

«Últimamente, muchos tipos de cosas han empezado a emerger. Por ejemplo, Steve no es muy capaz de manejar sus fondos. El mes pasado, perdió trescientos dólares que apostó en el fútbol americano, y tuvo que pedirme prestado para pagar su renta. Siempre le pasan cosas así».

«Tienes razón, si ésta es su costumbre, puede ser una calamidad»" le respondí. «¿Hay otra cosa?»

«O, sí, hay una variedad de cosas. A Steve le gusta mucho hablar sobre él mismo, pero *nunca* me pregunta de mí, de mi trabajo, de mis amigos, nada. Parece que nuestra relación solamente está enfocada en él. Necesito a alguien que muestre por lo menos *un poco* de interés en mí».

«¿Me dijiste que tienen un año juntos?», le pregunté. «¿No te diste cuenta de estas cosas antes?»

«Supongo que realmente no las buscaba antes. Pero con el tiempo, he visto cuán incompatibles somos. Y tengo que confesarte que me parece que he perdido un año cuando podía haber estado saliendo con otros hombres o buscando otros objetivos».

El dilema de Christy es común. He hablado con cientos de solteros, hombres y mujeres que persisten en relaciones sin futuro, mes tras mes, aunque sea obvio que la pareja es incompatible. Debido a su persistencia en una relación que no tiene esperanzas, ellos pierden un tiempo valioso, avivan expectativas falsas, y causan angustia y dolor innecesarios.

Lo que pasa es que a millones de solteros les gustaría casarse, pero solamente si pudieran vivir felizmente con su pareja para siempre. Sin embargo, la gran mayoría de hombres y mujeres solteros están harta del juego del noviazgo. Todo el proceso frustrante, estimulante, frenético y enloquecido los deja confundidos, desconcertados y sin esperanza.

¿Te ves entre ellos?

¿Te parece que un matrimonio feliz está tan lejos de ti como un año luz, por motivo de los desafíos imposibles del noviazgo?

¿Es el proceso del noviazgo una búsqueda dolorosa, a veces espantosa, e interminablemente enigmática?

¿Te gustaría reducir la pena, disminuir notablemente la confusión, y moverte con eficacia y calma durante todo el proceso?

Permíteme explicarte mi opinión sobre cómo este libro te puede ayudar:

Primero, te ayudaré a analizar el noviazgo tal como es. Seguramente es un proceso frustrante y desconcertante para la mayoría de la gente, pero puedes despejar toda la bruma y entrar en la arena con más seguridad que nunca. Vamos a estudiar metódicamente los tres desafíos fundamentales del noviazgo y vamos a convertirlo en un proceso más sencillo, claro y cien por ciento más manejable. Vas a aprender cómo evitar todos los pantanos y las trampas. Vas a encontrar recomendaciones fáciles que puedes aplicar para moverte como un cohete hacia la persona con quien puedes ser feliz para el resto de tu vida.

Segundo, vamos a estudiar los aspectos básicos y prácticos del noviazgo. Te enseñaré exactamente cómo puedes encargarte de las fases esenciales del comienzo de una relación; cómo tomar una decisión rápida y acertada sobre si debes invertir más tiempo, esfuerzo y energía en otra persona o no. Esto aumentará tu confianza y llevará al máximo tu capacidad de manejar todos los retos que el noviazgo te presente.

Por ejemplo, si un individuo del sexo opuesto te pide salir con él o ella, vas a saber pronto si «tiene posibilidades» de ser lo que quieres con un compañero que sea para toda la vida. Para el final del segundo encuentro, vas a saber con certeza si le quieres dedicar más tiempo y sentimientos a esta persona.

Sino, tendrás la confianza de terminar la relación amable y eficazmente, tratando al individuo con dignidad, pero siguiendo adelante con tu propósito de encontrar a la persona «perfecta». Si entre los cinco minutos iniciales del primer encuentro y el fin del segundo encuentro llegas a la conclusión de que para ti esa persona tiene posibilidades, tu decisión será valiente y obvia… porque estará basada en principios bien probados con experiencia y con una metodología cuidadosamente afilada.

¿CÓMO SABES SI ALGUIEN ES «IDEAL» PARA TI?

Es absolutamente esencial que pienses bastante sobre la clase de persona con quien te quieres casar. A veces los solteros fallan en no pensar estratégicamente en las parejas potenciales simplemente porque no tienen una gran variedad de candidatos disponibles. Creen que nunca van a ser tan afortunados de evaluar, y con tiempo, de escoger una posible pareja entre muchas.

Como me dijo recientemente una mujer de veintinueve años que nunca se había casado: «Vamos a ser honestos, el teléfono no está sonando constantemente con galanes, así que no estoy exactamente en una posición de ser selectiva ni quisquillosa».

Igual que esta mujer, muchos solteros asumen incorrectamente que si se trata solamente de un candidato, no tienen nada que decidir y menos aún, tomar una decisión temprana. Dado que no hay necesidad de eficiencia, deducen erróneamente que pueden esperar hasta el momento oportuno, dejarse llevar por la corriente, y ver donde acaba la relación. Pero con esta manera de pensar, vas a terminar sin una imagen bien definida de su compañero ideal... y posiblemente acabarás atascado en un matrimonio infeliz por el resto de tu vida.

Vamos a hablar de todo esto más tarde en detalle, pero ahora permíteme guiarte en lo que creo que es una dirección significativa. Para aclarar tus ideas, quiero que te imagines que tu lista de candidatos *es* larga. Supongamos que tu calendario está lleno de citas, eventos para solteros, y fiestas donde vas a conocer a varias personas idóneas. Es más, haz de cuenta que ya tienes dos o tres relaciones que podrían desarrollarse en algo serio. (¡Sospecho que te gusta este ejercicio!)

Ahora, tu desafío es sencillo: Tienes que ser capaz de tomar una decisión precisa y rápida sobre el mejor candidato para el matrimonio, alguien con quien podrías ser feliz para toda la vida. Cuando puedas hacer esto, vas a estar en camino de dominar el proceso entero del noviazgo.

En una noche reciente, estaba sentado mirando un partido de béisbol con mi amigo Steve que nunca se ha casado. Él tiene varias cualidades atractivas, y a las mujeres les cae muy bien y ellas lo persiguen. Estábamos platicando sobre la excitación y los peligros del noviazgo. Finalmente, le presenté un dilema imaginario que hace meses estoy considerando e investigando. Salió así:

«Steve, imagínate que yo hubiera encontrado a diez mujeres cerca de tu edad, todas solteras y listas para salir contigo. Son igualmente guapas, inteligentes y atractivas en sus personalidades. Pero vamos a pensar que he predeterminado que un matrimonio con *cinco* de ellas sería un desastre. Tal vez ellas no tengan buena salud emocional o en otro aspecto sean incapaces de tener una relación a largo plazo sin egoísmo y tampoco con un buen compromiso a su pareja. Las otras cinco mujeres son excepcionalmente sanas, y un matrimonio con cualquiera de ellas tendría gran potencial de éxito».

Sabía que en este momento había llamado la atención de Steve, así que continué. «Ahora, vamos a decir que puedes salir con cada mujer dos veces. Y luego, tu desafío sería determinar cuáles son las cinco mujeres que serían las 'buenas' elecciones y cuáles serían las 'malas' elecciones. ¿Piensas que podrías identificar a estas personas con las cuales el matrimonio sería un desastre y a las otras con quienes el matrimonio sería maravillosamente positivo?»

Steve pensó un momento y luego me dijo: «Pues, creo que yo acertaría más que equivocarme».

«¡Steve, es tu futuro del que estamos hablando!» le regañé. «¿Y qué si estás engañado? ¿Qué pasa si por casualidad estás equivocado en vez de estar en lo cierto en cuanto a esta decisión crítica? ¿Vas a dejar la decisión más importante de tu vida a la mera fortuna?»

Steve se rió. «Bien, bien, Neil. Ve al grano».

«Vale», le dije: «¿y qué si te diría que basado en mi investigación y mis años de experiencia como psicólogo, he creado un proceso sencillo y claro para determinar con *certeza* cuáles de las cinco mujeres valdrían la pena seguir y cuáles no? Pero aparte de esto, ¿qué tal si pudieras conseguir esta información en dos encuentros o menos? ¿Tendrías interés en aprender estas técnicas?»

«¡Por supuesto!» contestó Steve.

¿Y a ti? ¿Te gustaría aprender cómo identificar, en un período de dos encuentros, si alguien es un buen candidato matrimonial o no? Si quieres aprenderlo, quédate conmigo.

SÉ MÁS ASTUTO PARA SER MÁS FELIZ

Casi nadie en el mundo contendería conmigo cuando digo que tu elección de la persona con que te vas a casar es una decisión sumamente importante en tu vida. Pero escucha lo siguiente que asevero: No sólo quieres tomar una brillante decisión final sobre la persona con que te casas, sino también quieres tener la habilidad de tomar decisiones menos importantes, pero con rapidez y buen juicio, en el camino. Luego vamos a hablar de por qué la palabra «rapidez» es tan importante, pero ahora quiero informarte de lo que «la rapidez» y «el buen juicio» requieren de ti. Brevemente, tienes que ser más astuto para ser más rápido y juicioso. Siendo más astuto involucra una comprensión profunda de quién eres, lo que necesitas de otra persona para estar verdaderamente satisfecho, y cómo puedes leer las señales esenciales en otras personas para saber con rapidez si son compatibles o no. Este libro está diseñado para ayudarte a subir cincuenta puntos de coeficiente intelectual con respecto a estos tres temas.

Si tú y la persona con quien sales están de acuerdo que su relación es casual, sin la probabilidad de llegar a una relación seria o comprometida, entonces una decisión de continuar saliendo juntos tiene menos importancia. Pero si uno de ustedes tiene ganas de encontrar un compañero de por vida, y quiere evitar los líos molestos de relaciones «sin futuro», una decisión temprana de «continuar la relación» o no, se hace mucho más significativa.

Es difícil tomar la decisión de terminar una relación con un novio o novia, pero se debe hacer lo antes posible en el proceso.

En otras palabras, si es probable que una relación nueva vaya en una dirección negativa, cuanto antes la termine y siga adelante mejor será. Hay tres razones para esto:

Primero, cada relación en proceso implanta expectativas y levanta esperanzas. Estas expectativas y esperanzas contribuyen a un nivel significativo de apego emocional. Cuando un noviazgo dura mucho tiempo, a menudo produce sentimientos muy fuertes, en una o ambas personas. Si la relación termina, la persona con estos sentimientos será profundamente lastimada. Si finalmente van a tomar la decisión de terminar el noviazgo, es mejor tomarla pronto, cuando los vínculos emocionales no sean tan avanzados y complicados.

Segundo, una relación sin futuro debe terminarse para que ambos individuos puedan buscar mejores partidos. He observado muchas relaciones prolongadas que debían haberse terminado mucho antes porque ambas personas no tenían el valor de cortar el noviazgo cuando era obvio que iba rumbo al estancamiento o catástrofe. Con el paso del tiempo, las relaciones llegan a ser más difíciles de terminar. Se hacen arena movediza: cuanto más profundo se hunda, más difícil resulta salir. Con gran frecuencia, estas dificultades no reconocidas o evitadas nunca son corregidas, y la pareja acaba casándose. Muchas parejas infelices en su matrimonio me han confesado que supieron rápido durante el noviazgo que no era lógico continuar, pero no podían atreverse a lastimar a la otra persona o negar su anhelo desesperado de estar casado.

25

Tercero, acabar una relación pronto ahorra tiempo precioso. Ésta es una cosa de importancia, igual para hombres y mujeres, particularmente cuando la edad es un factor. He descubierto que las mujeres son especialmente sensibles en cuanto al problema de la pérdida de tiempo y el tictac de su reloj biológico. ¿Por qué perder semanas, meses, o aun años valiosos en un noviazgo que terminará de todos modos? Es mucho mejor separarse para tener máxima oportunidad de encontrar a alguien con quien tus posibilidades para un matrimonio sean mejores.

LA DECISIÓN DE CONTINUAR CON EL NOVIAZGO TAMBIÉN TIENE SUS VENTAJAS

Tal como hay implicaciones sumamente importantes con respecto a la terminación de una relación, la decisión de continuar también tiene consideraciones significantes. Primero, tomando *una decisión consciente* de continuar, en vez de sólo ir sin rumbo de una semana a otra, contribuye de modo significativo a tu actitud y comportamiento positivo. Y de igual importancia es el hecho de que nada sea tan atractivo para tu compañero como el reconocimiento de que has evaluado toda la información disponible y has decidido seguir la relación.

Obviamente, esta clase de decisión debe ser el resultado de un proceso disciplinado, intencional y completamente informado. Cuando la decisión de seguir adelante está bien pensada y es auténtica, tiene un efecto poderoso para ambas personas. Y cuando el hombre y la mujer perciben el mismo nivel de «positivismo» bien pensado en el otro, la relación se infunde de energía. Por ejemplo, el hombre que confiadamente invita a la mujer por tercera vez, y recibe una respuesta entusiasta, «¡Sí, me encantaría salir contigo!» estará tan impresionado como ella estará con él al ser invitada con tanto entusiasmo. Su ánimo mutuo multiplicará el efecto del lazo emocional.

El segundo resultado positivo de una deliberada y temprana decisión de proceder tiene que ver con el momento de la relación. En casi todas las relaciones hay una dinámica compleja. La mujer tiene observaciones mixtas sobre el hombre con quien sale: «Él habla demasiado, pero es muy inteligente. Su vida gira alrededor de los deportes, pero él me hace reír mucho. Es un poco más distante emocionalmente de lo que prefiero, pero es cariñoso cuando habla de su familia».

Del mismo modo, el hombre tiene impresiones positivas y negativas de la mujer: «Ella no estaba lista cuando fui a recogerla, pero valió la espera, estaba muy guapa. Me parece que ella pregunta demasiado acerca de mi educación y trabajo, pero me gusta estar con ella y sus 'credenciales' son impresionantes. Ella es muy intensa, tratando de explorar mis sentimientos y mis 'más profundas razones y significados para la vida' pero parece que ella puede aligerar la conversación cuando le tiro indirectas para que se modere un poco».

Entonces cuando este hombre la invita a ella a salir con él por la tercera vez, y ésta acepta felizmente, ambos implícitamente deciden enfocarse en las mutuas impresiones positivas que tienen en vez de las percepciones negativas. Ya sea que lo sepan o no, dos cosas van a resultar casi con seguridad: Su decisión mutua provocará más de estos atributos positivos en ambos por la acción de reforzarlos; y, aun más importante, los dos van a establecer una tendencia entre sí de concentrarse en *lo bueno* que perciben de su compañero en vez de *las deficiencias*.

Recuerda: Frecuentemente tenemos pensamientos y sentimientos positivos y negativos a la vez en momentos significativos de decisión, y cuando decidimos seguir lo positivo o lo negativo, influiremos en nuestras elecciones futuras hacia la misma dirección. Además, influiremos en las decisiones que nuestros novios tomen mientras estudian nuestras reacciones, examinando pistas en nuestra conducta. De manera que si una relación en particular merece continuar, una actitud positiva al principio hará más probable su avance en una trayectoria exitosa.

¿CON QUÉ CLASE DE PERSONA TE GUSTARÍA CASARTE?

Para tomar una decisión sabia y rápida sobre continuar un noviazgo, tienes que tener un bosquejo mental bien completo sobre la persona que estás buscando. Hay que saber en gran detalle la clase de individuo que sería un gran compañero para ti.

Creo que todos los hombres y las mujeres tienen la imagen de su persona perfecta en alguna parte de sus mentes. Aunque es posible que la imagen no sea tan consciente como para que él o ella pudiera detallar cada característica y cualidad inmediatamente, aquélla se hace más clara y definida si uno pone en fila cinco o diez miembros del sexo opuesto y pide que la persona escoja al individuo con quien quisiera pasar más tiempo.

En mis conferencias, a menudo describo un ejercicio de investigación que para muchos solteros es fascinante. Aquí lo tienes: Imagínate en un salón con veinticinco miembros del sexo opuesto, todos solteros de tu edad. Te voy a dejar en el salón con estas veinticinco personas, y tendrás tres minutos para hablar con cada uno de lo que tú quieras. Luego, después de setenta y cinco minutos, regresaré al salón y te llevaré a un rincón privado donde te preguntaré: «¿Quieres conocer mejor a alguno de estos individuos?»

Si eres como la persona típica que participa en este ejercicio, vas a elegir de tres a cinco de ellos. En este caso te preguntaría: «¿Cómo has podido eliminar hasta veinte o veintidós personas en sólo tres minutos?»

Hablo con los participantes de la conferencia detalladamente sobre cómo sigue este proceso de eliminación para la mayoría. Ellos comienzan con una imagen mental que está presente todo el tiempo, un esquema muy detallado de la persona con quien quisieran pasar sus vidas. Luego, cuando conocen a cada miembro del sexo opuesto, comparan a la persona real con esta imagen. Su cerebro hace cientos de comparaciones, y salen con una «determinación de encaje» o sea, un número final de emparejar, que informa su decisión. Mi opinión de «atracción», entonces, involucra el alto nivel de superposición de la experiencia personal con la imagen mental.

Siempre me preguntan acerca de la veracidad de estas imágenes que, en la mayor parte, son inconscientes. Si son tan poderosos en cuanto a la determinación del nivel de atracción, nos gustaría tener confianza absoluta en su validez y exactitud. Es decir, esperaríamos que al encontrar a alguien muy cerca de «la persona de sus sueños», esa pareja se casara y sería feliz para siempre.

Desafortunadamente, tengo poca confianza que estas imágenes de la pareja perfecta te ayuden a encontrar a un buen esposo o esposa. Tus imágenes son el resultado de miles de influencias que no merecen confianza. Primero, en esta lista de influencias es la televisión, la cual el adolescente típico habrá mirado por doce mil horas cuando llegue a su último año de la escuela secundaria. La televisión es un medio poderoso, pero es totalmente inútil para ayudarte a identificar la clase de persona con quien podrías ser feliz para toda tu vida.

Por eso escribí este libro. Después de más de treinta años de ayudar a miles de personas a encontrar al amor de su vida, creo que ya sé lo que debes hacer para «dibujar la imagen».

LLEGA A CONOCERTE
EXTREMADAMENTE BIEN

Tu pareja perfecta para el matrimonio dependerá casi totalmente de quién eres tú. Si vas y «escoges» al Señor Perfecto o a la Señorita Perfecta antes de comprender tu propia identidad, puedes elegir una buena persona, pero no la mejor pareja *para ti*. (Por eso, el capítulo 2 te ofrece principios específicos para llegar a conocerte mejor que nunca.) Si aceptas este desafío con seriedad, vas a dar el paso más importante.

Tardé mucho en comprender la importancia del auto conocimiento. Soy el menor de tres hijos y mis dos hermanas tienen dieciocho y once años más que yo. Decir que yo fui «un accidente» es una subestimación profunda. Como llegué tan tarde en los años en que mis padres criaban niños, me mimaron completamente. Pero también me sentía solo y posiblemente, descuidado emocionalmente. Siempre tuve éxito en la escuela pero no debido a mis esfuerzos. Me faltaba la solidez y la estabilidad emocional que uno necesita para aplicarse a sus estudios.

Todavía, en medio de mis inseguridades y la autoestima confusa de mi juventud, mostraba momentos de promesa. Tenía amigos excepcionalmente dotados y fieles, manifestaba rasgos académicos de habilidad, llegaba a tener cualidades interpersonales que me abrían docenas de puertas, y podía articular mis ideas claramente en frente de grupos, aun cuando era pequeño.

Entonces, como resultado de todo esto, ¿Qué clase de esposa necesitaba yo? Permíteme sugerir unas cualidades. Primero, necesitaba a alguien a quien yo respetara, como a mis amigos, pero alguien con quien no me sintiera amenazado emocionalmente. Era demasiado inseguro para enfrentarme con una persona excesivamente poderosa, y necesitaría a alguien cuyo compañerismo me ayudara a sentirme mejor conmigo mismo.

Además, dado que andaba con un grupo de amigos inteligentes, necesitaba casarme con alguien que fuera, en mi opinión, lista y astuta intelectualmente. Y como mi padre había desarrollado mucha ambición en mí, deseaba a alguien tan ambiciosa como yo, a quien le importaran mis sueños y con quien podía compartirlos.

Es más, crecí en una iglesia que presionaba mucho a todos los miembros para actuar y creer en formas muy rígidas. Los líderes estaban tan seguros de su legitimidad absoluta que amenazaban rechazar la persona que no aceptara todos los principios a los cuales ellos se suscribían. Muchos de sus principios me parecían inaceptables y, en alguna parte de mi ser interior, decidí que nunca me casaría con ningún miembro de esta iglesia.

Hay que tomar en cuenta que yo, como joven, nunca fui consciente de estos requisitos. En realidad, me entendía muy poco y, como la mayoría de las personas, no sabía lo que buscaba en una esposa. Sin embargo, mi esposa, Marylyn, y yo hemos tenido un matrimonio largo y extraordinario. Recientemente celebramos nuestro cuadragésimo aniversario, y quedé impresionado, otra vez, con lo afortunado y bendecidos que somos por habernos escogido el uno al otro cuando no teníamos ninguna comprensión de cómo hacerlo bien. Ya sabemos que nuestro éxito matrimonial estaba basado en gran parte en la pura suerte, y no en las buenas habilidades de hacer elecciones sabias.

Aunque nosotros hemos sido afortunados, la mayoría de personas que caminan ciegamente hacia su matrimonio no tienen tanta suerte. De hecho, de todos los matrimonios que comenzaron este año, el sesenta por ciento terminarán en separación o divorcio. Las buenas noticias son que no tienes que depender de la suerte. Todas las herramientas, los recursos y la orientación están disponibles para ayudarte a tomar una decisión sabia y completamente informada acerca de la persona con elegirás casarte.

CREANDO TU «LISTA DE COMPRAS» PARA UNA PAREJA MARAVILLOSA

Para cuando termines este libro, tendrás una lista con los veinte puntos de la pareja perfecta para tí. Algunos de estos puntos te permiten un poco de flexibilidad y otros no. Por ejemplo, puede que *quisieras* encontrar a alguien cuya edad figure entre diez años de la tuya, pero puede que *requieras* una persona cuyos valores son casi iguales a los tuyos.

Tú tienes que descubrir cada factor esencial que determinará por si o por no si puedes experimentar la felicidad con una persona en una relación de largo plazo. ¡Sí, puedes saber estas cosas de antemano! Te ayudaré a averiguar cada una en base a quién eres y qué necesitas para ser feliz.

Los novios que no tienen ninguna idea de qué andan «comprando» causan mucho dolor. Y simplemente no hay necesidad de ser un comprador matrimonial inhábil. Cada cuestión que debes perseguir está en este libro. Si lees estos capítulos cuidadosamente, si los modificas para tu uso personal, y si los usas en cada curva de tu camino hacia el matrimonio, maximizarás tus posibilidades de encontrar a la persona de tus sueños, de evitar el dolor de un matrimonio quebrantado y la posibilidad de hacerlo tempranamente en la relación.

Capítulo dos

CONÓCETE
A TI MISMO

Una tarde muy fría y lluviosa, Mark y Gina vinieron a verme. Parecía que el clima afuera era igual al humor de mi oficina de consejería cuando esta pareja se desplomó pesadamente en el sofá frente a mí. La disposición de la pareja era fría y distante.

«¿Qué es lo que los ha traído a terapia?», les pregunté.

Ellos se miraron mutuamente y luego Mark habló. «Hablando francamente, somos miserables. Tenemos cuatro años de casados y cada día ha sido un desafío. Estamos preguntándonos si aun vale la pena seguir intentándolo».

Le pregunté a Gina si ella estaba de acuerdo.

«Me temo que sí», contestó. «Casi dos días después de regresar de nuestra luna de miel, los dos teníamos un presentimiento enfermizo de haber cometido un error grandísimo. Era obvio que no debíamos estar juntos. Hemos ido en declive desde entonces».

Mientras nuestras sesiones de consejería proseguían, Mark y Gina me contaron una historia que he oído docenas de ocasiones en parejas quebradas. Después de un noviazgo maravilloso, se casaron y casi inmediatamente descubrieron unas diferencias profundas. Eran completamente opuestos en cuanto a sus estilos de comunicación, de resolver conflictos, en sus costumbres personales y docenas de otras cualidades que aparecen cuando uno vive con otra persona. Por alguna razón, habían puesto a un lado todas estas diferencias y las pasaron por alto en medio de sus embriagadores sentimientos iniciales de enamoramiento.

Así que acabaron en mi oficina, tratando de averiguar cómo una relación que prometía tanto pudo precipitadamente caer al abismo.

Gina dijo algo ese día que quisiera que cada persona pudiera oír y comprender:

«Ahora me doy cuenta de que no tenía ninguna idea de quién era antes de casarme. Tenía treinta años y sólo quería casarme mientras tenía la oportunidad. Mark era un hombre muy amable que tenía buen trabajo y venía de una familia sólida. Pensaba, *«¿Qué más podría querer una muchacha?* Desafortunadamente, no tenía la más mínima idea de mis anhelos profundos, mis características de personalidad, mis fuerzas y debilidades. Y dado que no me conocía, no tenía la menor idea de qué clase de compañero necesitaba».

Así como esta pareja lo descubrió dolorosamente, no puedes seleccionar a la persona apropiada con quien casarte hasta que sepas precisamente quién eres; ¡a no ser que tengas suerte! Pero nadie debería confiar en la suerte tratándose de una decisión que determinará quién va a ser tu compañero de finanzas y de cuarto para toda tu vida, el padre o la madre de todos tus hijos... y diez mil cosas de otros asuntos cruciales. Tú puedes hacer una gran elección, y la manera de comenzar es con una comprensión cuidadosa de quién eres exactamente.

Estoy convencido de que puedes llegar a tener tanta claridad mental que, después de sólo dos citas románticas con una persona, vas a sentirte perfectamente confiado de tu decisión de seguir adelante o no. Si dominas las cinco estrategias bosquejadas en este capítulo, sin duda cada parte del proceso del noviazgo se hará más fácil.

MANTENTE EN CONTACTO CONTIGO MISMO

Cuando era adolescente, sabía muy poco acerca de mí mismo. Seguramente sabía que me encantaban los deportes, el bistec y las bromas pesadas. Pero era inconciente de todo, excepto de mis preferencias superficiales. La mayoría de los jóvenes están en la misma situación. Su proceso de identidad está muy lejos de completarse. Y hasta que uno no se identifique en una manera precisa y detallada, no está en ninguna posición de identificar a la persona con la que se va a mover por toda la vida como dos bailarines profesionales que se mueven de una manera perfectamente sincronizada.

No pienses que cuando dejes de ser adolescente y entras en los veinte que tu identidad ya está formada. En nuestra cultura, el proceso de identidad generalmente continúa durante la gran parte de los primeros veinticinco hasta veintiocho años de edad. Por eso, recomiendo que los jóvenes no se casen demasiado pronto. Todavía no están «completamente formados». El «cemento» de su personalidad todavía no se ha endurecido. De hecho, una estadística que nunca deja de sorprenderme es ésta: el índice de divorcio de los que se casan a los veintiuno o veintidós años de edad es exactamente el *doble* de los que se casan a los veinticuatro o veinticinco años de edad. El desarrollo de la identidad tiene que ser la razón para esto.

A veces la acción de auto identificación dura aun más allá de los veintiocho años. No es raro que dos personas de mediana edad se casen con muy poca comprensión de quiénes son como individuos. Pero cuando tu proceso de identificación está bien desarrollado y cuando conoces muy bien a la persona que verdaderamente eres, el proceso de escoger al compañero apropiado para el matrimonio viene a ser mucho más fácil.

Vamos a decir que eres una persona con una energía desenfrenada. Te gusta salir, salir, y salir todo el tiempo. Necesitas a alguien con un nivel de energía parecido al tuyo. En realidad, ésta era una de las diferencias que motivaba a Mark y a Gina a venir a mi oficina de consejería (¡y los volvía locos!). A él le gustaba salir para hacer cosas, ir a los eventos deportivos, ir al cine, y salir a jugar al baloncesto en juegos informales con sus amigos. Contrariamente, a Gina le gustaban las cenas íntimas, seguidas por las noches relajantes leyendo un libro. Su idea de un sábado perfecto era ocuparse sin prisa del jardín, tomar un té helado en el porche, y alquilar una película (preferiblemente lenta y romántica) en la noche. Mark asintió a sus deseos algunas veces, y su energía nerviosa casi lo volvía loco. Muy pronto llegaron a un acuerdo tácito de «seguir sus propios intereses». Mientras Gina se entretenía en la casa, Mark iba a las jaulas de bateo, a las nuevas películas de Schwarzenegger con sus amigos, terminando el día asistiendo a las exposiciones de «Camiones monstruosos» en el hipódromo. Los mundos de Mark y Gina casi nunca se cruzaban, y ambos se estaban convirtiendo en desconocidos.

Por supuesto, el nivel de energía es sólo uno de los cientos de aspectos y cualidades importantes para considerar entre ti y un posible cónyuge. La inteligencia es otra. Un matrimonio no funciona bien cuando una persona es mucho más inteligente que la otra. Imagínate el grado de satisfacción que una pareja alcanzaría si a la esposa le gustara estudiar la escritura de Nietzsche y Hegel mientras su esposo recibe su estímulo por las revistas cómicas de los «Superhéroes X». O, si a un hombre le encanta debatir los temas teológicos, y si su esposa nunca piensa en tales cosas, es probable que ambos vayan a sentirse frustrados con el otro. No estoy sugiriendo que los individuos más inteligentes tengan mejores matrimonios, por supuesto que no. Lo importante es formar pareja con una persona que tenga un nivel de inteligencia *similar*.

También, considera los intereses y los pasatiempos. ¿Te gusta la música clásica? ¿O el jazz? ¿O la música country? Cualquiera sean tus preferencias musicales, teniendo a un compañero que las comparta es importante para una vida conyugal. El clarificar los intereses de cada uno también te dará más información acerca de ti mismo, y más confianza en tu conocimiento de lo que estás buscando en una pareja.

Seguramente, es de igual importancia saber lo que no te gusta. Si el béisbol te aburre como una ostra, no vas a querer casarte con alguien que pasa los seis meses del año jugándolo, mirándolo, hablándolo y debatiéndolo. O, si te gusta ir al teatro y tu pareja se duerme apenas sube el telón, te vas a meter en problemas.

Cuanto más sepas de ti mismo, más claro será tu sentido de dirección interna cuando se trata de tu búsqueda del amor de tu vida. Con más conocimiento de tus cualidades físicas, emocionales, intelectuales y espirituales, tu habilidad para escoger tu pareja ideal mejorará. A las personas que experimentan el noviazgo como algo confuso y desconcertante casi siempre les falta la familiaridad con ellos mismos.

Cómo puedes llegar
a conocerte

Cada persona es sumamente compleja. Todos estamos compuestos de tantas partes, y a menudo el matrimonio pone estos aspectos variables en juego. Para la persona que quiere casarse, el desafío principal es estudiarse a sí mismo y llegar a ser muy consciente de todas las características especiales que se combinan para formar el individuo único que es. Las siguientes son cinco estrategias prácticas para conocerte mejor.

Estrategia 1: Contesta estas veinte preguntas

Escribe por lo menos un párrafo para contestar cada una de las próximas veinte preguntas:

1. ¿Quién es la persona más importante de tu vida, y por qué?

2. ¿Cuál es el sueño excepcional de tu vida que tienes más ganas de realizar?

3. ¿Quién tiene la capacidad de enojarte más que nadie en tu vida, y qué, en particular, hace él o ella que te enoje tanto?

4. ¿Quién tiene la capacidad de hacerte sentir amado más que nadie en tu vida, y qué, en particular, hace él o ella que te anima a sentirte tan adorable?

5. ¿Cómo es ser tú? Precisamente, ¿Qué piensas de ti mismo, física, emocional, mental y espiritualmente?

6. ¿Cuándo te sientes inspirado? ¿Quién y qué contribuyen a tu sentido de inspiración? ¿Cómo te sientes cuando estás inspirado?

7. ¿Cuál es la cosa que más te importa en todo el mundo?

8. ¿Si tuvieras sólo un día más para vivir, cómo te gustaría pasarlo?

9. ¿Cuándo tienes más miedo?

10. Si sólo pudieras realizar una cosa durante el resto de tu vida ¿qué sería?

11. ¿Qué es lo que te aburre? ¿Qué es lo que siempre te aburre y lo que nunca te aburre?

12. ¿Cuánto te importa el dinero? ¿Cuánto tiempo pasas pensando en él, y qué nivel económico aspiras?

13. ¿Cuál es el papel de Dios en tu vida? ¿Crees en Dios? Y si crees ¿Cómo es Dios en relación contigo?

14. En orden de importancia, ¿Cuáles son tus tres intereses más fuertes?

15. ¿Quién es tu enemigo principal? y precisamente, ¿Cómo y por qué llegó él o ella a ser tu enemigo?

16. ¿Cuán importante es la comida para ti? ¿Piensas mucho en ella? y ¿Te sientes disciplinado en tu habilidad de manejar tu consumo?

17. ¿Te gusta o no te gusta mucho la idea de estar casado con la misma persona por el resto de tu vida? ¿Qué tiene esta idea que te gustaría o que no te gustaría?

18. ¿Piensas que eres una persona emocionalmente sana? ¿En qué maneras eres especialmente sana, y en qué aspectos podrías mejorar?

19. ¿Cuál es el papel del conflicto en tu vida? ¿Discutes o peleas mucho con las personas más cercanas a ti? ¿Por lo general, cómo se resuelve el conflicto, a tu favor o en contra?

20. Específicamente, ¿Qué quisieras que tus mejores amigos dijeran en tu funeral?

Si yo pudiera oír tus respuestas a estas veinte preguntas, llegaré a conocerte bien. Pero, obviamente, no soy yo el que tiene que conocerte, ¡eres tú! Estoy convencido de que quienquiera que conteste por escrito estas preguntas con seriedad, recibirá una nueva y profunda comprensión de sí mismo.

Ahora bien, comienza con este primer ejercicio. Toma toda una tarde para hacerlo bien. Te garantizo que para el final de la tarde estarás impresionado con la cantidad de tu personalidad escondida que subirá a la superficie de tu consciencia.

ESTRATEGIA 2: HABLA CON DOS O TRES AMIGOS ÍNTIMOS O MIEMBROS DE TU FAMILIA SOBRE TUS RESPUESTAS

Vamos a ser honestos, a veces otras personas pueden vernos con más claridad que nosotros mismos. Todos tenemos puntos de ceguera, y somos miopes en cuanto a ciertos aspectos de nuestras personalidades. Por eso, el propósito de este segundo ejercicio es pedir unas reacciones abiertas y honestas de los que te conocen mejor que nadie. Esta clase de información es más rica cuando presentas mucho material para considerar a cada una de estas personas significantes.

Pídeles a tres individuos que te conocen bien una hora de su tiempo. Diles exactamente lo que intentas hacer: o sea, conocerte mejor que nunca. También diles que estás leyendo este libro, que acabas de contestar veinte preguntas desafiantes, y que te gustaría oír sus reacciones de una manera franca. Además, explícales que quieres leerles tus respuestas y pedirles a ellos que añadan cualquier cosa que pueda darte una descripción más completa o enseñarte si hay algo en las respuestas que no les parezca verdad. Probablemente tendrás que asegurarles a estos individuos que no eres muy sensible y que tu amistad o relación con ellos puede soportar sus reacciones honestas.

Cuando se trata de llegar a conocerte, tus amigos y familiares que te conocen bien pueden contribuir enormemente. A menudo, ellos tienen una perspectiva de ti que tú no tienes, y con frecuencia nunca han compartido su perspectiva contigo. A veces es esta información la que estimula una serie de revelaciones nuevas, y éstas pueden dirigirte a buscar a una persona distinta de la que buscabas antes.

ESTRATEGIA 3: PREPARA TU ÁRBOL GENEALÓGICO, COMPLETO CON PERFILES DE LOS MIEMBROS PRINCIPALES DE TU FAMILIA

Para bien o para mal, en gran parte, todos somos productos de nuestras familias. Nuestros padres, hermanos y parientes nos plasman, moldean y forman en miles de aspectos. A veces nuestros antepasados que nunca hemos conocido nos influyen. Nunca conocí a mis abuelos maternales, pero ciertamente oía mucho sobre ellos de mi mamá y de mis tíos. He llegado a la conclusión que estos abuelos contribuyeron mucho para formar la persona que soy ahora. De hecho, a menudo pienso en mis abuelos, y muchas veces, de repente me doy cuenta de algo sorprendente que tenemos en común.

Tengo mucha más información sobre los padres de mi papá. Cuanto más aprendo de mis abuelos paternos, más comienzo a descubrir una fuente que me ayuda a comprender mi formación. Luego, la fuente se hace oro puro cuando llego a mis padres. Somos tan parecidos que es asombroso. Si quiero saber mucho más de mí, puedo contar con ellos.

Por ejemplo, cuanta más edad tengo, más me parezco a mi papá. A veces, cuando estoy haciendo algo nuevo, tomo una pausa y pienso en cuán parecidos somos él y yo. En esos momentos, a menudo volteo la cabeza a Marylyn y le pregunto: «¿Estoy llegando a ser como mi papá?» o «¿Te parece que yo estaba actuando como mi papá en ese momento?» E invariablemente ella me contesta: «Sí, ¡eres muy parecido a tu papá! Siempre has sido como él y te estás volviendo cada vez más como él».

Mi punto en todo esto es sugerir que una manera productiva de llegar a una auto comprensión más profunda es trazar tu árbol genealógico. Dibuja un círculo que represente a cada persona en un pedazo de papel. En la parte de arriba, empieza con los tiempos más antiguos del linaje de tu familia. Mi conocimiento de mi familia sólo comienza en la época de mis abuelos, pero si tienes buena suerte, posiblemente conozcas mucho más de tu historia genealógica. Entonces, puedes dibujar unos círculos que te representen a ti y a tus hermanos. Finalmente, haz un lugar para cada uno de tus hijos (si los tienes).

Luego, medita en cada una de estas tres personas. ¿Qué sabes de ellos que esté relacionado directamente contigo? ¿Cómo eran (o son) ellos, y en qué manera eres similar? La verdad es que ellos tienen lazos biológicos y sociológicos contigo, y es muy probable que tu identidad sea al menos un poco como la suya.

Finalmente, escoge dos o tres de estas personas y escribe una página o más sobre cada una. Si yo estuviera escogiendo tres personas de mi árbol, seleccionaría a mis padres y a mi abuela materna. Ellos son los tres que tuvieron más influencia en mi vida. En mis años de trabajo como consejero, nunca he conocido a nadie que no pensara que este ejercicio fuera una fuente generosa de información.

ESTRATEGIA 4: ANALIZA TU HISTORIA EN SEGMENTOS DE CINCO AÑOS

En mis conferencias, uso un ejercicio que tiene un efecto poderoso en muchos de los participantes. Pido a todos que cierren los ojos, y luego les doy instrucciones detalladas sobre cómo relajarse profundamente. Ya relajados, les digo: «Imagínate dando un paseo por un camino en el campo, eventualmente llegando a un parque en medio de una arboleda. Mientras que paseas por el parque, encuentras un columpio atado a un árbol alto. Sentado en el columpio está un niño de cinco años. Mientras miras fijamente al niño descubres que el niño no es nadie menos que tú, a la edad de cinco años. Empiezas a hablar con el niño y tienes un diálogo entre el "tú como niño" y el "tú como adulto"».

49

Después, dirijo el contenido de la conversación. Por ejemplo: les pido a los miembros del auditorio que le digan al niño lo que aprecian de él o ella, y le pido al niño que comparta cómo era yo a tu edad.

A medida que el ejercicio obviamente se pone cada vez más productivo para los individuos involucrados (ordinariamente hay lágrimas y risa), todavía sigo llevándolos por el mismo camino en el campo donde encuentran a «una versión temprana» de ellos en intervalos de cinco años de sus vidas. En realidad, yo participo en este ejercicio también, y me asombra cuánta rica información sentimental inunda mi consciencia. Por ejemplo, encuentro con mucha simpatía al «yo» de quince años que estaba confundido y era miedoso; y a menudo estoy emocionado por la pasión innegable que tengo cuando agradezco al «yo» de veinte años por el valor y la resolución de trabajar tantos años para hacer posible algo importante en mi vida.

Todos podemos aprender mucho de nosotros mismos en la acción de «desempacar» nuestras vidas en segmentos de cinco años. Por eso, te animo a tomar una hoja de papel y comenzar a escribir todo lo que recuerdas de los primeros cinco años de tu vida. Claro que mucho de lo que escribes será lo que has oído de tu vida de otras personas, pero puede ser que tengas memorias fuertes de ese tiempo también. Luego, haz la misma cosa con el período de los seis a los diez años, y con cada período de cinco años después.

Estrategia 5: Toma uno o más de los inventarios psicológicos

Cuando la gente viene a mi oficina para psicoterapia, casi siempre le ofrezco la oportunidad de tomar uno o más inventarios psicológicos. Cada inventario está escrito para enseñarle algo sobre sí mismo o sus relaciones. Para casi toda la gente que viene a verme, sugiero el Minnesota Multiphasic Personality Inventory (MMPI). Constando de 567 preguntas de verdadero o falso, el inventario produce un informe muy útil sobre el carácter interior de cada persona. Desafortunadamente, se debe tomar este inventario conjuntamente con los servicios de un consejero profesional, pero hay otros inventarios que son auto-administrados y que se pueden enviar a un lugar donde los corrigen e interpretan.

Hay docenas de inventarios que puedes tomar para aprender más de ti mismo, y cualquiera que escojas será de gran ayuda para conocerte mejor.

Cosecha la recompensa de comprenderte a ti mismo

El premio para todo este descubrimiento propio y auto-conciencia es sencillo, pero profundo: Los hombres y las mujeres que se conocen bien tendrán la oportunidad excelente de seleccionar a una pareja que es muy compatible con ellos.

Contrariamente, los que son inconscientes de su funcionamiento interior, en gran parte toman decisiones como si estuvieran girando una rueda de ruleta, cruzan los dedos y esperan lo mejor.

La elección de un buen compañero conyugal es el premio a largo plazo de toda esta exploración interior, aunque espero que puedas ver los beneficios a corto plazo también. Si te conoces íntimamente, puedes evaluar pronto y eficazmente tus novios para ver si hacen buena pareja o no. Puedes saber temprano si debes seguir invirtiendo tiempo, energía y afecto en cierta relación o no.

Además, espero que oigas en este capítulo una abundancia enorme de esperanza, que recibas un sentido profundo y detallado de quién eres, que puedas desarrollar una idea mental de ti que te hará más exitoso en la selección de tu compañero matrimonial, y que, al conocerte mejor, puedas aprender a hacer todo esto con una eficacia asombrosa en los primeros dos encuentros.

Capítulo

tres

Tu lista de requisitos
y de cosas
insoportables

Supongamos que podrías escoger diez cualidades que el amor de tu vida tendría. ¿Cuáles escogerías? Pero, espera, vamos a dorar la píldora. No sólo puedes seleccionar las diez características positivas que esta persona tendrá, sino que también puedes identificar y eliminar diez deficiencias. ¿Qué veinte cosas pondrías en tu lista?

Recientemente le hice la misma pregunta a Kathryn, una soltera de veinticuatro años que era alumna de posgrado.

«Oh, a mí me gusta la idea de este escenario», me dijo. «No debe ser difícil porque he pensado mucho sobre el hombre de mis sueños».

«Bueno», le respondí. «Vamos, empieza a componer tu lista».

Con una expresión remota en sus ojos y una resonancia soñadora en su voz, ella empezó: «Primero, él tendría que ser inteligente».

Es posible que hayas adivinado que ésta sería la cosa más importante que una alumna de posgrado pondría.

«Muy bien», le dije, «pero es demasiado general. Sé lo más específica posible. ¿Qué tan inteligente?»

«Más o menos como yo», contestó.

«Pues, ¿qué tan inteligente eres?», le pregunté.

«Mucho más de lo normal», dijo Kathryn suavemente, «pero ciertamente no soy un genio».

«Muy bien», le dije. «¿Y ahora qué?»

Ya estábamos en pleno movimiento. De hecho, Kathryn casi puso su límite en el mismo momento.

«Bien», me dijo, «necesito un hombre que sea divertido, simpático, enérgico, emocionalmente sano, muy trabajador, ambicioso».

«¡Espérate! ¡No puedo contar tan rápidamente!», le expliqué. Revisé su lista mentalmente. «Está bien, te faltan solo tres».

Luego empezó la diversión. Ella quería incluir una docena más de cualidades, pero sabía que tenía que reducir su lista.

«Me gustaría alguien que se vista bien… bien parecido… bien arreglado… ¡oye!, supongo que puedo poner todas estas características en una categoría nombrada "apariencia"». «¡Ah!, eres muy viva», observé. «Pero recuerda que tienes que ser específica. ¿Quieres que estas cualidades sean las últimas tres, o prefieres considerar otras?»

Empezó a agonizar. Al final, examinaba y seleccionaba las características hasta que tenía su lista de las diez. Su lista de diez cosas negativas parecía más manejable al principio. Empezó con: «que no fume, no haga trampa, no diga mentiras, no sea irresponsable, no intimide a los demás, y no permita que su enojo llegue a ser descontrolado». Ella siguió hasta tener su lista de diez, pero después yo la tenté con tres o cuatro más.

«¿Y qué de la dilación? ¿Ésta no te molesta? ¿O el ser desordenado en la casa, o mimado por su mamá, o un "gurú informático" o un drogadicto? ¿Qué de estas cualidades?»

«Mmmm. No pensé en estas cosas», me dijo. «Bien, Neil, déjame comenzar de nuevo».

«Kathryn, ¡yo pensé que me dijiste que esto sería fácil!», le regañé. Tardó diez minutos más antes de estar satisfecha con su lista.

Componiendo tus listas

En el último capítulo, hablamos del primer paso para llegar a ser una persona sabia, perspicaz y hábil en cuanto al noviazgo, o sea, de conocerte desde adentro hacia afuera. El segundo

57

paso es el ejercicio que le presenté a Kathryn. Es el proceso de componer tu lista de las primeras diez cualidades positivas y las negativas, o lo que llamo tus listas de «requisitos» y tus «cosas insoportables». El ponerte muy claro sobre estas características te preparará a ser un «comprador de tu compañero conyugal» muy eficiente, una persona que va a saber con confianza y claridad si un candidato matrimonial merece más de tu tiempo, energía y afecto después de sólo dos encuentros.

Éstas son las cualidades que vas a memorizar, hablando literalmente, que vas a marcar en tu cerebro con hierro candente; y vas a llevarlas contigo cada vez que sales para una cita romántica con una persona hasta que te cases. Si piensas que es importante hacer una lista cuando vas al mercado para comprar comestibles, es cien veces más importante tener tu lista de compras cuando sales con alguien que te interese.

UN MATRIMONIO MALO ES
PEOR QUE NINGUNO

Si quieres estar casado pronto, debes pensar que el noviazgo es como ir de compras. No quiero parecer irrespetuoso, porque la selección de un compañero conyugal es una cosa sumamente seria. Sin embargo, mi punto es que tienes que saber exactamente lo que buscas antes de entrar en «el mercado». El pensamiento indefinido te llevará a callejones cerrados y sin salida, y antes de saber lo que está pasando, vas a verte considerando el matrimonio con alguien que no es compatible contigo.

Algunos solteros con quienes trabajo se niegan rotundamente a preparar una lista de compras. O, si los convenzo a hacerlo, ellos no la llevan consigo cuando salen con alguien. Ellos me dicen: «Si no puedo encontrar a una persona que satisfaga las condiciones necesarias para que yo sea feliz, quizás debo bajar mis criterios». Nunca me dicen lo que están pensando de veras, aunque estoy convencido de que en realidad piensan lo siguiente: «¡Quiero casarme! ¡Necesito casarme! Por lo tanto, si tengo que contentarme con menos, que así sea. Al fin y al cabo, un hombre (o una mujer) menos que el ideal es mejor que ningún hombre (o mujer)».

Me opongo a esta idea con todo mi corazón. Animo a la gente a que averigüe qué clase de persona necesita para ser tremendamente feliz, y de mantenerse firme con respecto a este criterio hasta el final. Si no, sería fácil terminar en la epidemia de fracasos matrimoniales. Piénsalo bien: si continuamos en el mismo camino, los dos tercios de todos los matrimonios que empiezan este año en los Estados Unidos terminarán en separación o divorcio. Y la tristeza de estas relaciones quebrantadas es indescriptible. Te garantizo absolutamente que un matrimonio malo es mil veces peor que ninguno.

¿EN QUÉ CONSISTE UN REQUISITO O UNA COSA INSOPORTABLE PARA TI?

Teniendo como base la tarea que hiciste en el último capítulo, ¿qué es lo que te inspira pasión, aviva tu corazón, y llama tu atención completa? Puede ser un interés como el golf. He notado que cuando dos individuos tienen el mismo interés, uno nunca llama al otro «fanático». Nunca he conocido a ninguna mujer a quien le guste el golf llamarse «una viuda de golf». Estoy convencido de que las viudas de golf son las mujeres a las que se les olvidó escribir «adicción al golf» en su lista de insoportables. Y ahora están agobiadas con un esposo que goza de algo que a ellas no les gusta para nada.

Seguramente, el marido tiene el problema opuesto. Él está completamente enamorado del golf, pero se olvidó de escribir «aficionada de golf» como uno de los diez gran requisitos en su lista. Ahora tiene que luchar por el tiempo para jugar y practicar, y por el dinero para lecciones, clubes y cuotas, todo porque no construyó su lista apropiadamente, o no se mantuvo firme con su lista.

Cuando dos personas no coinciden en cualquier cosa que es sumamente importante, toda clase de problemas pueden emerger. Conozco a mucha gente que es tremendamente espiritual, gente para quien la práctica de las cosas espirituales es lo más importante de todo. Ellos oran frecuentemente, piensan mucho en su relación con Dios, asisten a la iglesia y a los estudios de la

Biblia regularmente, y son convencidos de que el desarrollo de su vida espiritual tiene más importancia que nada. Estas personas necesitan escribir primero «LA PASIÓN ESPIRITUAL» con letras mayúsculas en su lista de requisitos.

Sería posible citar cientos de ejemplos. Si mantienes tu casa, carro y escritorio limpios y sin mancha y si es importante que tu esposo comparta tu pasión por ser limpio, pon esto en tu lista. Si odias ser un fumador pasivo, debes poner «el fumar» en tu lista de lo insoportable. Si eres muy ambicioso, y si te aburre la gente complaciente y apática, escribe: «tiene que ser ambicioso» en tu lista. Si necesitas diversión y risa, pon «gran sentido de humor» en tu lista.

Debes tomar muy en serio cualquier cosa que requieres, o que no puedes tolerar. El «alistarse» con una persona que carece de algunas de tus necesidades o que posee algunas de las deficiencias más odiadas de tu parte es una receta para el desastre.

¿Por qué limitar las listas a diez cosas?

Puesto que creo que hay cientos de cualidades que podrías querer en un compañero de toda la vida, pongo un límite de diez cosas en tus listas sólo por razones matemáticas y prácticas. Por lo general, tu «fuente de candidatos» es tan limitada que tu probabilidad de encontrar a una persona con *cada* atributo en una lista de veinticinco o cincuenta cosas es muy baja.

61

Es decir: La fuente de candidatos matrimoniales para una mujer está compuesta de hombres solteros que ella conoce en su trabajo, su iglesia, el gimnasio, su vecindad, el equipo de softbol, etcétera. Por lo tanto, si una mujer dice que quiere un esposo con una educación universitaria, inmediatamente ella elimina muchos de los hombres a quienes conoce. Del mismo modo, si ella quiere un hombre libre de todas las adicciones y los problemas emocionales, también elimina una porción considerable de la población. Con cada criterio de su lista, su fuente de solteros disponibles y capacitados disminuye considerablemente. Se necesitaría un matemático para calcular el total de las personas requeridas en la fuente inicial para que ella termine con un «Señor Perfecto» después de aplicar solamente diez requisitos rigurosos y diez cosas insoportables igualmente rigurosas.

«Bien», me preguntas: «¿No sería mejor simplemente reducir mi lista, tal vez a cuatro o cinco características, para optimizar mis posibilidades de encontrar mi pareja?» Supongo que puedes hacerlo, pero creo que también harías crecer tu probabilidad de terminar en una relación miserable. Si tu lista es demasiado corta, tendrías que confiar en muy pocos atributos fuertes para cargar el peso de la relación, y vas a aceptar muchas más deficiencias que pueden hundir la relación. Una lista de diez cualidades, y diez cosas que definitivamente no quieres, te ofrece un punto medio justo; serás bastante selectivo para asegurarte que tu pareja sea muy compatible, pero no tanto que nunca vayas a encontrar a nadie que pueda satisfacer tus demandas.

¿Y QUÉ SI ALGUIEN ENCAJA CON LA MAYOR PARTE DE TU LISTA?

Vamos a suponer que has clarificado tus listas y que te sientes seguro que los requisitos y las cosas insoportables incorporan exactamente lo que deseas en un esposo o esposa. Pero luego conoces a alguien, una persona maravillosa, que tiene, por ejemplo, ocho de tus diez cosas positivas y sólo una de las negativas. Es un buen promedio, ¿no? Entonces, ¿debes seguir a esta persona? ¡Yo creo que no! He visto a cientos de personas que tratan de hacer funcionar las relaciones a pesar de una o dos desviaciones serias de sus listas, y con mucha frecuencia, ellos terminan desilusionados. No estoy diciendo que *todos* estos matrimonios se vuelven agrios, pero sí le ocurre a la gran mayoría.

Por ejemplo, piensa en el hombre para quien la estabilidad económica es esencial. Él trabaja diez o doce horas por día, almuerza en períodos cortos para cumplir con más cosas, sueña con comprar una casa, ahorra todo el dinero que puede, y cree que la prudencia es una virtud premiada. Luego él conoce a una mujer que es bonita, inteligente, muy espiritual, limpia y emocionalmente sana. Desafortunadamente, ella no es tan cuidadosa y prudente con el dinero; en realidad, ella gasta mucho y siempre lo ha hecho. ¿Este hombre puede tener un matrimonio exitoso con ella? Lo dudo. Si de verdad la frugalidad y la economía son central a sus objetivos y su estilo de vida, este asunto se convertiría en un obstáculo entre esta pareja. Ella lo volvería loco con sus juergas de compras, su generosidad con cualquier causa que encuentre, su apetito para ropa y regalos, y su necesidad de libertad económica.

O, piensa en la mujer que adquiere la gran parte del significado de su vida por medio de sus conversaciones entre amigos y familiares cercanos. Para ella, la comunicación es alimento, como la comida es para su cuerpo. Cuando ella pasa mucho tiempo sin sus contactos sociales, ella retrocede emocionalmente, es como si su alma se encogería si viviera sin comida por un período de tiempo. Entonces, ella conoce a un buen hombre que siempre se ha definido como «una persona privada». Él maneja su vida desde una pequeña oficina, profundamente dentro de sí, adonde él sólo puede ganar acceso. Él trabaja mucho, gana bien en la vida, es sumamente moral, y no tiene defectos significativos en su personalidad. Sólo es que no se siente cómodo revelando sus pensamientos y sentimientos más profundos a las demás personas.

Puedes predecir qué pasaría si estos dos se casaran. La mujer moriría una muerte solitaria con este hombre. Su disposición natural de compartir su vida, de unirse con él, y de participar en el dar y recibir de la interacción verbal la dejaría frustrada e insatisfecha. Posiblemente él haría todo lo posible para intentarlo, aun escuchando cintas y asistiendo a conferencias de desarrollo personal, pero es probable que sus mejores esfuerzos fueran en vano. Ambos hubiesen podido evitar el dolor incalculable si ella hubiese escrito COMUNICADOR primero en su lista de requisitos.

Con frecuencia, los fracasos matrimoniales son el resultado de racionalizar una cosa que es un requisito o una cosa insoportable. El fingir «superarlo» puede funcionar por un tiempo, pero no por siempre. Al fin y al cabo, insistir en que las «ocho gran cualidades» cubran las «dos que faltan» no sirve para nada. El seguir con una relación con alguien porque él o ella «está más cerca del cumplimiento de los requisitos que nadie» es una receta para el sufrimiento y la angustia. Tus requisitos y cosas insoportables, si son identificados atentamente y precisamente, serán tan importantes en diez o veinte años como hoy.

¿Tienes que insistir en la perfección?

Nunca en mi vida he encontrado un matrimonio perfecto. Marylyn y yo tenemos lo que llamo un matrimonio nota «A» o «diez puntos», pero es lejos de ser perfecto. Nuestra relación es mutuamente satisfactoria porque ambos correspondemos a la lista del otro como anillo al dedo. Sin embargo, entre nosotros hay veces cuando discutimos, nos enojamos y nos fastidiamos el uno al otro.

Cuando esposos vienen a verme para mis servicios de consejería, a menudo hablo con cada uno individualmente para saber «su versión de la historia» sin filtro e interrupción. He hablado con miles de hombres acerca de sus esposas, y luego, con ellas en las mismas condiciones confidenciales. En los matrimonios que funcionaban más o menos bien, he oído de deficiencias que, en sus opiniones, no eran «algo así como asesinos del matrimonio». Frecuentemente, los maridos dicen algo como: «Prefiero que Karen no fuera tan quisquillosa y nerviosa sobre la limpieza de la casa, pero he aprendido a adaptarme a su estilo, y en realidad, ya no es un problema». Y las esposas dicen algo como: «Rick es muy tacaño. Tengo que justificar cada centavo que gasto. Pero, en realidad, no es gran cosa». Casi todos los matrimonios tienen irritaciones e imperfecciones y tienen cosas a las cuales podemos adaptarnos, y con las cuales podemos aprender a vivir. Pero un «aniquilador de matrimonios» es una cualidad que está relacionada directamente con algo de la lista de requisitos o cosas insoportables.

Por ejemplo, algunas personas pueden ser felices con esposos que tienen poca ambición. A ellas, no les importa mucho la ambición. Pero, para otras personas este mismo bajo nivel de ambición en su esposo sería un disgusto significativo y una frustración constante. A veces, las características de motivación y determinación son esenciales, y a veces son algo de verdaderamente poca importancia. Las que simplemente son *imperfecciones* en algunos matrimonios son aniquilados en otros. Todos los matrimonios tienen algunas imperfecciones, pero muy pocos pueden sobrevivir a los aniquiladores.

Algunos piensan erróneamente que encontrar a un marido que responde a su lista asegura la felicidad eterna. La persona más maravillosa en el mundo todavía es malhumorada y refunfuñona a veces. Aun cuando encuentras a la persona que satisface todas las diez características de tus requisitos y no tiene nada insoportable, todavía habrá imperfecciones en tu relación. A veces ella va a estar fría y distante. Él a veces tarda en hacer sus tareas de la casa y en cumplir con sus promesas. Ella va a gastar más de lo que has esperado para un vestido. Él va a alistarse en todavía otra liga de bowling. Ella le dirá a su mamá más de sus problemas familiares de lo que tú desearías. Él hablará con más ánimo de su secretaria de lo que sea cómodo para ti. Ella no tendrá la comida preparada a tiempo; él no cocina cuando le toca preparar la cena.

Al final: ¿Tiene él todos tus requisitos? ¿Es ella libre de todos los elementos insoportables? Si puedes decir honestamente que esto es verdad, es probable que tu matrimonio sea muy exitoso, más allá de los fastidios que ambos experimentan. De hecho, si puedes mostrarme una pareja en que ambas personas pueden decir honestamente que todas sus listas de requisitos y cosas insoportables fueran satisfechas, te mostraré un hombre y una mujer que casi seguramente gozan de un matrimonio sumamente maravilloso.

Capítulo

cuatro

CÓMO LEER A ALGUIEN
COMO UN LIBRO

Imagínate que estás saliendo por primera vez con alguien y la tarde apenas comienza. Estás preparado para una experiencia de tres o cuatro horas con él o ella, una cena en un buen restaurante, seguida por un recital en un club local. Ambos están nerviosos porque no se conocen muy bien, y cada uno quiere causar una buena impresión. Sin embargo, estás descubriendo que es fácil estar en la presencia de la otra persona, y la conversación está fluyendo fácilmente y naturalmente. Piensas: *Es demasiado temprano para ver qué va a suceder, pero esta relación me parece prometedora.*

Has comenzado bien. Todas las señales te parecen positivas. Así que, ¿qué pueden hacer durante el resto de la noche, y tal vez en el segundo encuentro, para ayudarte a decidir si vas a querer salir de nuevo con esta persona?

En los capítulos anteriores, hablamos de la importancia de conocerte bien, y de escribir una lista de cualidades que quieres y que no quieres en otra persona. Ahora, en el tercer paso, tu objetivo es juntar toda la información posible en cuanto a tus listas. En medio de un escenario como el que acabo de describir, tu desafío será tener tus antenas paradas para discernir cómo este hombre o esta mujer hace juego con lo que requieres o rechazas.

LA INFORMACIÓN FLUYE ABIERTAMENTE DURANTE UN ENCUENTRO

Puede que te parezca demasiado simplista sugerir que cada persona «anuncie» cientos de cosas sobre ellos durante un encuentro de tres o cuatro horas. Pero si eres un observador agudo e intencional, te va a sorprender cuanta información puedes juntar. Al final de tu primera salida, puedes saber bastante información para tomar una decisión sabia ya sea de terminar la relación o de seguir adelante.

Si realmente quieres saber, en dos salidas o menos, si vale la pena seguir la relación, tu objetivo principal será buscar indirectas o señales por parte de la otra persona. No quiero estropear la diversión al convertir el encuentro en una misión de reconocimiento. Por supuesto, quieres pasar un buen rato. Pero si tu enfoque fundamental es determinar si es prudente perseguir una relación con cierto individuo, vas a tomar en serio este objetivo de investigación.

Es más, recomiendo que los solteros no traten de impresionar o «ganarse» a su compañero. Si te estás enfocando demasiado en tu presentación y actuación, no vas a poder discernir toda la información necesaria de la otra persona. Es natural que uno quiera causar una buena impresión, pero el noviazgo juicioso se trata de la exploración de cosas más profundas, asuntos que determinan la probabilidad de formar una pareja saludable, que dure por muchos años.

APRENDIENDO A SER
«CONSCIENTE DEL OTRO»

Si aprendes a prestar atención cuidadosa a todas las pistas que recibes durante los primeros dos encuentros, terminarás con un montón de información. Pero para observar muy bien, tienes que estar seguro de ti mismo, porque la observación precisa siempre empieza con «el olvido del egoísmo». A menudo les digo a los solteros: «Si realmente quieres conocer a alguien, tienes que terminar de ser "consciente de *ti mismo*", y ser "consciente del *otro*"».

Seguramente, el noviazgo puede producir mucha ansiedad. Esta ansiedad normalmente está relacionada con tu preocupación por lo que piensa la otra persona de ti, qué clase de impresión estás causando. Es sumamente importante estar tan cómodo dentro de ti mismo que puedes prestarle atención cuidadosa a la otra persona. ¿Cómo es posible hacer esto? ¿Cómo puedes llegar a estar tranquilo y confiado interiormente cuando estás «entrevistando» por el papel más significativo de tu vida? Por supuesto, esta pregunta está muy relacionada con la cuestión más amplia de cuán sano eres emocionalmente. Y la respuesta empieza con el nivel de seguridad que tienes en las partes más profundas de tu ser. Voy a hablar en mucho más detalle sobre esto en otro capítulo más adelante, pero todo se reduce a una consideración esencial: «Si no estás seguro de ti mismo, puede que no estés listo para comenzar un noviazgo serio».

AFILA TUS PODERES DE OBSERVACIÓN

Si quieres obtener la máxima información de otra persona, consigue que él o ella hablen y escúchala bien. El hacer preguntas clave es esencial en el proceso. Estas preguntas pueden comenzar con algo tan inocente como «¿Cómo va tu vida actualmente?» o «¿Qué te gusta más de tu vida en Norfolk?»

Luego, mientras escuchas lo que la persona dice, puedes hacerle preguntas complementarias en una manera natural, y poco a poco puedes acercarte a los temas más importantes. Quieres saber lo que le gusta en su vida diaria; si él o ella está contento y por qué; cuán importante es su trabajo; y cuán involucrado está en su iglesia o en otras actividades de su comunidad. Presta mucha atención a la información sobre su familia, especialmente las relaciones que la persona tiene con sus padres. De hecho, sospecho que no hay nada más importante que la información que revele la profundidad y la calidad de estas dos relaciones principales. Del mismo modo, vas a querer saber la calidad del matrimonio de sus padres. Es bueno saber la mayor cantidad posible acerca de si los padres de esta persona son felices juntos o si simplemente se toleran.

Aunque sería imprudente bombardear a tu compañero con una pregunta tras otra, cualquier persona que escucha bien y hace preguntas bien pensadas sería percibida como cariñosa y sensible. Dale Carnegie, el autor de uno de los libros más exitosos de siempre, *How to Win Friends and Influence People*, dijo que los individuos son percibidos como buenos comunicadores cuando tienen mucho interés en conocer a la otra persona. Y es el proceso de conocer a la otra persona que te da la información sobre la cual vas a basar tu decisión de continuar una relación o no.

Una cosa final sobre el escuchar. No hay nada en el mundo que comunica honor y cariño tan efectivamente como el escuchar activamente. Para mejorar tus habilidades inmediatamente, empieza a practicar el arte de escuchar. Aquí tienes unas sugerencias sencillas:

- Mirar a la otra persona y hacer contacto consistente con sus ojos.

- Responder a lo que oyes y comprendes con una reflexión del mensaje de la persona. O sea, repetir en tus propias palabras lo que has oído de la otra persona.

- Mostrar empatía. Tratar de identificarse con alguien y ver las cosas de su punto de vista. Así vas a demostrarle que estás interesado en lo que tu compañero dice y siente.

- Tratar de no juzgar lo que se dice. Mantente abierto y receptivo. Nada destruye la comunicación más que una actitud crítica.

Estos esfuerzos van a estimular tu relación con la otra persona y darte mucha información a la vez. Así que tu decisión de seguir o no seguir la relación estará mucho mejor fundamentada en los hechos y la realidad.

PERMANECE ATENTO A LA CONDUCTA TANTO COMO A LAS PALABRAS

Generalmente una persona habla con mucha elocuencia de sí por medio de sus acciones, y tu observación de su conducta te dará mucha información para tu decisión eventual. Por ejemplo, la primera llamada de teléfono será en sí significativa. Si eres el recipiente de la llamada, vas a preguntarte si él o ella calcula bien la hora de la llamada, el grado de cortesía que te da, la libertad que te da para responder, la solicitud en cuanto a los planes, y la amabilidad que experimentas de él o ella. Si tú eres la persona que llama, hay que hacer observaciones similares. ¿Cómo recibe tu llamada? ¿Cuán sensible es la persona en cuanto a la dificultad involucrada en arriesgar la llamada? ¿La persona responde con aprecio? ¿Él o ella te parece tímida y evasiva?

Luego, cuando sales con él o ella, la conducta es especialmente informativa. ¿Es puntual? ¿Te trata con cortesía? ¿Tu compañero te parece que está cómodo o nervioso? También, observa las cosas como su conducción del carro para señales de su estilo interpersonal. ¿Él maneja dentro de los límites razonables? ¿O, conduce demasiado rápido, corre riesgos excesivos, está apurado, y generalmente te hace sentir incómodo?

Si ustedes salen a comer, ¿es amable tu compañero con el camarero? ¿Él o ella tiene buenos modales?. ¿Y es apropiado el restaurante para la ocasión? Todo esto te da información esencial acerca de la otra persona.

BUSCA INFORMACIÓN QUE ESTÉ RELACIONADA CON LAS CARACTERÍSTICAS EN TUS LISTAS

Tus actividades de acumular información deben estar relacionadas directamente con los requisitos y cosas insoportables de tus listas. Si necesitas a alguien que comparte tu interés en las artes, vas a querer conducir la conversación en esa dirección. Si la ambición es uno de tus requisitos, lleva la conversación a los asuntos de las aspiraciones personales y profesionales. Si la espiritualidad te importa, enfatiza este tema.

Algunas cosas en tu lista de cosas insoportables serán fáciles de evaluar; puede que otras sean difíciles. Por ejemplo, si no puedes soportar el fumar, no va a ser difícil obtener esta información. Pero si eres inflexible en tu decisión de nunca casarte con alguien que tiene una adicción, permíteme asegurarte que la evidencia de las adicciones puede estar escondida hasta el segundo *año* del noviazgo. Ésta es parte de la razón por la cual recomiendo que el noviazgo dure dos años antes de que la pareja tome la decisión de casarse. A menudo, se requiere esta cantidad de tiempo para saber todo lo necesario de la otra persona, especialmente cuando estás considerando un compromiso para toda la vida.

Una cosa final sobre el asunto de acumular información pertinente a tus listas. Cuando estoy trabajando con la gente en psicoterapia, trato de ayudarla a construir una lista «sólida». Esto quiere decir que ninguna característica debe estar en las listas de requisitos y elementos insoportables si no es un «matador de la relación». Cuando tienes listas sólidas, cualquier información que revele la ausencia de un atributo positivo o la presencia de un atributo negativo significa sólo una cosa, la terminación de esa relación. Demasiadas personas van como un rayo por esta barricada con racionalizaciones que son desconcertantes y finalmente resultan en el sabotaje. Puede que estés tentado a continuar saliendo con alguien aunque llega a ser obvio que él o ella no posee uno de tus requisitos o que sí posee una de tus cosas insoportables. No debes permitirlo. Casi nunca produce otra cosa que no represente más angustia para ambas personas.

EVALUANDO EL JUICIO DE
TU PAREJA

Una de las cualidades más importantes que cualquier persona lleva a una relación es el buen juicio. Si el individuo sabe cómo tomar decisiones sabias consistentemente, es casi cierto que él o ella contribuirán constantemente a la fuerza y la sanidad de la relación. Así que tu responsabilidad será la de «juzgar los juicios de tu compañero».

Los buenos o malos juicios serán obvios durante todo el período de tu noviazgo. Por eso, en este capítulo he insistido en la importancia de la primera llamada, ya que involucra un juicio. Y, la manera en que la persona se presenta durante la llamada demuestra otros juicios. La selección de la actividad durante la cita romántica es el resultado de aún otro juicio. La cantidad de cautela o imprudencia cuando uno está conduciendo el carro ofrece todavía más pistas sobre su juicio.

Durante casi todos los encuentros de tres o cuatro horas, muchas situaciones aparecerán que involucrarán el juicio de alguien. Sugiero que esperes estas situaciones y tomes nota de las cualidades esenciales de su juicio que vas a evaluar después de la salida.

¿Te sientes libre para expresarte?

Creo que tu propia felicidad requiere que seas auténtico. Nunca vas a poder experimentar la integridad y la paz interna si no llegas a ser la persona que verdaderamente eres. De esta manera, es absolutamente fundamental que te sientas completamente libre para ser auténtico con la persona con quien vas a pasar el resto de tu vida. Si eres como yo, sientes diferentes grados de libertad con diferentes personas. Con algunas personas, experimentas una clase de aceptación total y afirmación incondicional que te libera a un nivel profundo y fundamental. Con otras personas, sientes la necesidad de satisfacer sus expectativas, preferencias, y opiniones rígidas.

Como la libertad es tan importante para el desarrollo de una relación saludable, quiero llamar tu atención a este tema. Si tú y tu compañero no tienen la libertad de ser completamente auténticos, ciertamente la relación quedará inconclusa. Pero si sientes esta libertad, y si sabes cómo vivir y crecer dentro de la relación, sin duda resultarán en toda clase de consecuencias significativas para la relación.

PERMANECE SEGURO EN TU INTERIOR Y ALERTA EXTERIORMENTE

Si tienes la capacidad de dominar tu ansiedad para prestar atención a todas las pistas que tu compañero te presenta, este flujo de información te ayudará mucho en determinar si las exigencias de tus listas serán satisfechas en esta nueva relación.

Recuerda, si obtienes información clara que indica que no puedes encontrar en esta persona lo que necesitas en un compañero para toda la vida, el mejor tiempo para terminar la relación es lo más pronto posible, antes de que las expectativas sean levantadas y que los lazos emocionales se empiecen a formar.

Por otro lado, si toda la información que acumulas aumenta tu confianza en que esta persona pueda poseer todos tus requisitos sin ninguna de tus cosas insoportables, estás en una posición de mover la relación adelante decisivamente. En un mundo donde lo decisivo es admirado, saldrás ganando de cualquier modo.

Capítulo

cinco

Los cincuenta
requisitos más
populares

Recientemente, en una conferencia donde estaba dando una charla de cómo encontrar el amor de la vida, un hombre de más de veinticinco años se me acercó. Era un hombre alto que llevaba un sudadero que decía: «UCLA Athletic Department». Él echó una mirada alrededor para ver si alguien estaba escuchando, y después se inclinó muy cerca.

«Dr. Warren, me gusta tu idea de hacer listas de lo que necesitamos en un esposo o una esposa, y otras listas de las cosas que nos parecen repulsivas», me dijo.

«No creo que haya dicho la palabra *repulsiva*, pero la idea es ésa», respondí con una risita.

«Bueno, sea lo que sea», continuaba, «es que necesito ayuda para hacer tales listas».

«¿Qué quieres decir?», le pregunté. «¿No hablaba yo con claridad de lo que se debe incluir en las listas?»

«No, no es así,... fuiste bien claro. Supongo que *yo* no estoy siendo muy claro. Mientras hablabas, me di cuenta de que mis criterios hasta este punto han sido... pues, un poco básicos».

Casi no podía esperar a saber en qué consistían sus criterios. «Bueno, dímelos».

«Pues, sólo tres puntos», dijo. «Primero, ella tiene que ser bonita... Esto debe estar en la lista, ¿no?»

«Mucha gente piensa que la atracción física es importante; entonces, sí, está bien».

«Bien. Segundo, tenemos que llevarnos bien, tú sabes, reírnos de las mismas cosas, hablar fácilmente, divertirnos juntos».

Me parecía que estaba esperando mi asentimiento, así que incliné la cabeza y le dije que continuara.

«Y tercero, ella tiene que estar enamorada de UCLA. Soy un *gran* aficionado de los Bruins, y voy a todos los juegos».

Esperé unos momentos para que él siguiera, pero ése era el límite de su lista.

«Te dije que es muy básica», me dijo vergonzosamente.

«¿No buscas nada más en una mujer?», le pregunté.

Él pensó un rato. «Creo que sí, pero es que nunca he escrito nada. Por eso, estoy pidiendo tu ayuda para comenzar, tú sabes, algo para emprender el proceso».

«Tienes suerte», le dije. «Durante la sesión de la tarde voy a presentar los cincuenta requisitos más populares de las listas de otros solteros». El hombre parecía estar interesado, como si estuviera a punto de entregarle una tarea para copiar. «Pero, comprende, tú tienes que preparar tu propia lista. Este es todo el punto del ejercicio. No te puedo decir lo que quieres en una esposa. *Tú* tienes que decidir esto».

Entonces, más tarde ese día, le compartí a mi audiencia, incluso al aficionado de los Bruins, que estaba listo con su pluma y papel, los cincuenta requisitos más populares. Aquí los tienes:

CARACTERÍSTICAS

1. *Atracción «química».* Me tengo que sentir profundamente enamorado y atraído a mi pareja.

2. *Comunicador.* Necesito a alguien que tenga ambas habilidades, de hablar y escuchar.

3. *Sentido del humor.* Necesito a alguien que sea listo y que pueda apreciar lo gracioso de la vida.

4. *Intimidad verbal.* Tengo que saber que mi compañero/compañera quiere compartir sus pensamientos y deseos más profundos.

5. *Salud emocional.* Necesito un compañero que sea sano emocionalmente, y capaz de compartir una vida estable con otra persona.

6. *Carácter fuerte.* Necesito una pareja que sea honesta y bastante fuerte para comportarse con rectitud.

7. *Artística.* Necesito una persona que tenga una pasión por la música, la literatura, el drama, el arte y las mejores cosas de la vida; como espectador o como participante.

8. *Simpático.* Necesito un compañero que sea amable y simpático.

9. *Preparado.* Necesito a alguien cuyos logros educacionales sean iguales a las míos.

10. *Organizado.* Deseo un compañero que valore la estructura en su vida.

11. *Excitante.* Necesito una persona que no tenga miedo de arriesgarse y que experimente la vida como una aventura.

12. *Paciente.* Sueño con alguien que pueda manejar las frustraciones o los reveses temporales de la vida con una actitud paciente y sensata.

13. *Tolerante.* Necesito un compañero que sea capaz de oír y apreciar opiniones divergentes.

14. *Resolución de conflictos.* Anhelo una pareja que trabaje para resolver una discusión o un conflicto en nuestra relación, en vez de ganar.

15. *Atractivo.* Deseo un esposo que se considere «atractivo» según los criterios aceptados actualmente.

16. *Hábitos personales.* Necesito un compañero que mantenga altas normas de higiene personal, limpieza, y otros hábitos personales.

17. *Cariñoso.* Sueño con alguien que se sienta cómodo dando y recibiendo el afecto.

18. *Trabajador.* Necesito una persona que esté dispuesta a trabajar duro en cualquier cosa que haga.

19. *Nivel de energía.* Necesito un cónyuge cuyo nivel de energía sea igual al mío.

20. *Emocionalmente generosa.* Deseo una pareja a quien le encante la gente, y quien sea generosa con su compasión, atención, comprensión y amor.

21. *Intelectual.* Requiero un cónyuge que sea inteligente y que pueda compartir mi entendimiento del

mundo, y que además le guste conversar sobre varios asuntos importantes.

22. *Seguro de sí mismo.* Anhelo un compañero que se conozca, y que sea seguro de sí mismo durante todos los altibajos de la vida.

23. *Modesto.* Necesito una persona que sea capaz de aceptar la crítica, y aun de confesarlo cuando a veces esté equivocado.

24. *Capaz de aceptar ayuda.* Necesito un compañero que esté dispuesto a aceptar ayuda para los problemas personales o relacionales cuando sean serios e importantes.

25. *Curioso.* Deseo una pareja que sea hambrienta de información y conocimiento nuevo, y quien se esfuerce por aprender lo más posible.

26. *Fiel.* Requiero un cónyuge con quien siempre pueda contar.

27. *Adaptable.* Necesito un esposo que sea capaz de adaptarse a las sorpresas de la vida.

VALORES

28. *Vida familiar.* Necesito un compañero que tenga un compromiso al matrimonio, al hogar y a la familia.

29. *Intereses compartidos.* Sueño con alguien que esté dispuesto a compartir mis intereses y pasiones.

30. *Estilo y apariencia.* Anhelo un cónyuge que se preocupe por su apariencia, su vestidura, y que tenga un sentido de estilo personal.

31. *Política compartida.* Es imprescindible que sea una persona con opiniones políticas iguales o similares a las mías.

32. *Espíritu voluntario.* Necesito una pareja que comparta mi deseo de ofrecer mis servicios como voluntario y de apoyar a la comunidad y/o las causas sociales.

LA FAMILIA

33. *No hijos.* Requiero a alguien que comparta mi deseo de no tener hijos.

34. *Familia.* Necesito un cónyuge que comparta mi deseo de tener o adoptar hijos.

35. *Hijastros.* Requiero una persona que acepte a mis hijos como si fueran suyos.

36. *Estilo de educar a los niños.* Tengo que estar con un esposo o esposa que comparta mis opiniones sobre la educación de los niños.

37. *Cuidar a mis padres.* Necesito una pareja que esté dispuesta a ayudarme a cuidar a mis padres, ahora o en el futuro.

LA VIDA SOCIAL

38. *Quedarse en casa.* Necesito un compañero que prefiera quedarse en casa conmigo, pasando las noches tranquilas a solas o con amigos íntimos.

39. *Sociabilidad.* Requiero una persona a quien le encante la socialización con muchas personas diferentes.

40. *Autonomía.* Tengo que estar con alguien que me dé el espacio para ser mi propia persona.

LA ESPIRITUALIDAD

41. *Espiritualidad.* Necesito un cónyuge que tenga un profundo compromiso espiritual parecido al mío, y quien comparta mis creencias.

42. *Prácticas religiosas.* Mi compañero tiene que estar comprometido para ser un miembro activo de mi iglesia, templo o congregación.

43. *Aceptación espiritual.* Mi pareja tiene que aceptar y respetar mis creencias espirituales, ya sea que las comparta o no.

LO ECONÓMICO Y LA CARRERA PROFESIONAL

44. *Responsable.* Mi pareja tiene que ser responsable económicamente.

45. *Ambicioso.* Requiero una persona que comparta mi deseo de realizar mis altos objetivos económicos y/o de mi carrera.

46. *Relajado.* Necesito un compañero que pueda olvidarse del dinero y enfocarse en las partes importantes de la vida.

SEXUALIDAD

47. *Abstinente.* Mi esposo tiene que ser alguien que haya guardado su virginidad hasta el matrimonio.

48. *Tradicional.* Requiero a alguien que sea reservado y tradicional en sus necesidades sexuales.

49. *Experimentado sexualmente.* Necesito una persona que sea madura y experimentada como una posible pareja sexual, y una persona que pueda expresarse abiertamente.

50. *Apasionado.* Tengo que estar con un esposo que esté dispuesto a explorar nuestros deseos sexuales con pasión y comprensión.

Reglas para formar tu lista de requisitos

Primero, tienes que decidir cuáles son las diez de estas cincuenta dimensiones que son más importantes (por supuesto, puedes incluir otras que no están en esta lista). Asumo que esta tarea no será fácil. Si es fácil, tal vez vayas a querer ser un poco más escéptico. Para clarificar más tus ideas, trata de arreglar tus diez requisitos en orden de importancia. Luego, revisa tu lista para asegurarte de que cada cosa en tu lista es sin duda un requisito absoluto e inequívoco. Si no, quítala de tu lista.

Si llegas a perfeccionar esta lista hasta que represente la persona que requieres para experimentar una profunda felicidad en tu vida, entonces habrás dado un paso gigante. Ésta va a ser tu «lista de compras», y debes asegurarte de que nunca esté lejos de ti hasta el día que camines al altar para decir tu voto, «¡Sí, te lo prometo!»

Capítulo seis

LAS CINCUENTA COSAS
INSOPORTABLES MÁS
PREDOMINANTES

Para casi todo el mundo hay cualidades o costumbres del sexo opuesto que son negativas. Para ti, la clave será averiguar de antemano cuáles características son insoportables. Cuando hayas averiguado y escrito estas características, puedes ver si existen en cada individuo con quien sales. Si encuentras una de estas cualidades en las etapas tempranas del noviazgo, puedes salir de la relación rápidamente y con dignidad.

Estas cualidades desagradables son las que llamo «las cosas de veto». Son los atributos a los cuales respondes tan negativamente que seguramente no vas a querer pasar el resto de tu vida con esa persona. De hecho, a pesar del número de cualidades positivas que tenga el individuo, la presencia de una de estas características desagradables por sí sola determinará tu decisión final.

¿Es posible cambiar las cualidades negativas?

Frecuentemente me preguntan si las cualidades negativas son permanentes. «Dr. Warren», alguien puede decirme, «aunque la persona tiene esta característica ahora, no es cierto que siempre la tendrá, ¿verdad?» Como estoy acostumbrado a creer lo mejor de la gente, mi empatía me tienta para contestarles con optimismo, asegurando al preguntador que todavía hay esperanza.

Pero después de tantos años en mi profesión de psicólogo, tengo que decirte que las cualidades ofensivas tienden a solidificarse. Considera cualquier clase de adicción, por ejemplo. Ordinariamente, éstas son acciones aprendidas que son muy difíciles de cambiar. Si tienes una reacción sumamente negativa a tal adicción, y si la relación es relativamente nueva, debes ser realista de la improbabilidad de que la adicción «desaparezca».

Seguramente, por lo menos debes esperar hasta que la persona tenga la adicción completamente controlada antes de considerar seguir con la relación. Si no, corres el riesgo de vivir con alguien con esta cualidad insoportable por el resto de tu vida.

Prepara tu lista de cosas insoportables con mucha reflexión

¿Cuáles son las características que no puedes soportar en otra persona, especialmente en una persona con quien piensas pasar cada día hasta tu muerte? Para ayudarte a hacer tu lista, quiero compartir lo que otras personas me han dicho sobre sus cosas insoportables. Ve cómo respondes a cada una. Por razones que mencioné antes, quiero que pongas un límite de diez cosas en tu lista. Sé que probablemente puedes contar centenares de cosas que algunas personas hacen que te molestan, pero si incluyes todas éstas en tu lista, es posible que nunca vayas a encontrar a nadie que satisfaga tus expectativas.

CARACTERÍSTICAS

1. *Vanidad.* No puedo soportar a nadie que esté demasiado interesado en su apariencia física.

2. *Dependiente.* No puedo aguantar a una persona cuya felicidad se base en mí.

3. *Melancólico.* No puedo tolerar a una persona que siempre esté miserable en su vida.

4. *Mentiroso.* No puedo aguantar a un individuo que le diga mentiras a alguien, especialmente a mí.

5. *Estafador.* No puedo soportar a una persona que se aproveche de la gente.

6. *Cínico.* No aguanto a nadie que generalmente perciba el mundo con una perspectiva cínica.

7. *Enojado.* No soporto a una persona que no pueda controlar su enojo, o que grite o reprima su ira.

8. *Egoísta.* No puedo tolerar a un individuo cuyo tema principal de conversación sea sí mismo.

9. *Mal educado.* No puedo soportar a nadie que rebaje a la gente, o que sea impaciente u odioso con la gente en cualquier situación.

10. *Infeliz en su trabajo.* No aguanto a la persona que odie su trabajo y siempre se queje de él.

11. *Materialista.* No soporto a nadie que piense que las cosas materiales son los símbolos del éxito.

12. *Negación.* No puedo tolerar a alguien que no sea capaz de aceptar la culpa o admitir sus errores.

13. *Adicto al trabajo.* No aguanto a un individuo para quien todo en su vida sea secundario a su trabajo.

14. *Perezoso.* No tengo paciencia con la persona a quien le guste pasar demasiado tiempo durmiendo, descansando o siendo un holgazán «enamorado del sofá».

15. *Preocupado.* No aguanto al individuo que pierda la perspectiva muy fácilmente y se preocupa todo el tiempo.

16. *Intolerante.* Aunque reconozco que la convicción religiosa es una característica positiva, no puedo tolerar a alguien que sea farisaico, y crea que su fe es la única que tiene importancia.

17. *Creerse víctima.* Aunque todo el mundo tiene momentos en los que siente lástima de sí mismo, no

puedo soportar a una persona que siempre se crea una víctima.

18. *Rencores.* No aguanto a la persona que siempre guarde resentimientos.

19. *Carácter malo.* No puedo tolerar a la gente que tenga una naturaleza mañosa y se comporte mal con las demás personas.

20. *Infantil.* No tengo paciencia con una persona que no sea madura emocionalmente.

21. *Irresponsable económicamente.* No tolero a una persona que sea incapaz de manejar su dinero.

22. *Superficial.* No soporto a nadie que se enfoque solo en la imperfección.

23. *Hipocondríaco.* No aguanto al hombre o la mujer que tenga una disposición general de enfermedad y que siempre esté curando los síntomas de su supuesta enfermedad.

24. *Tosco.* No puedo aceptar a nadie que tenga una conducta ruidosa, de mal gusto, o irrespetuosa cuando «está divirtiéndose».

25. *Con excesivo sobrepeso.* No puedo estar con una persona que tenga sobrepeso.

26. *Juego.* No puedo aguantar a una persona que apueste.

27. *Drogas.* Soy intolerante de la persona que use drogas ilegales como recreación.

28. *Familia/Amigos intrusos.* Me molesta cuando la familia y los amigos de alguien siempre están llamándonos o visitándonos.

VALORES

29. *Puntualidad.* No soporto a la persona que siempre llega tarde.

30. *Coqueto.* Aborrezco al individuo que siempre coquetea con los miembros del sexo opuesto.

31. *Racista.* Soy intolerante de alguien que crea que cualquier grupo étnico al cual él o ella pertenece es superior al resto de la humanidad.

32. *Adicto a la televisión.* Me fastidia cuando una persona mira la televisión todo el tiempo.

33. *Mala higiene personal.* No puedo aguantar a un individuo que no se mantenga limpio.

34. *Hipócritas.* No tengo paciencia con una persona que tenga un sistema de reglas para sus acciones, y otro para las demás personas.

35. *Chismoso.* No puedo soportar al hombre o la mujer a quien le guste chismorrear.

36. *Crítico.* No puedo tolerar a la persona que critique a todo el mundo y todas las cosas.

37. *Pornografía.* No aguanto al individuo que mira o posee pornografía en cualquier forma.

38. *Adicciones.* No aguanto a nadie que actualmente sufra de una adicción.

39. *Descuidado.* No puedo aceptar la falta de cuidado personal en alguien.

40. *Indigno de confianza.* No puedo estar con una persona que no sea digna de confianza y que sea inconstante.

41. *Tacaño.* No puedo soportar a nadie que sea tan tacaño que no es práctico.

42. *Malhablado.* Me fastidia cuando una persona dice groserías o palabrotas o que use humor inapropiado.

43. *Arrogante.* No soporto al hombre o la mujer que sea insufriblemente descarado.

44. *Excesivamente tímido.* Me molesta la persona que sea tan tímida que él o ella no puedan compartir abiertamente conmigo.

45. *Pesimista.* Me repugna una persona que siempre piense que el vaso está medio vacío.

46. *Sigue la política actual.* No tolero al individuo que no exprese sus pensamientos y opiniones porque sólo quiere decir lo que es políticamente correcto.

47. *Imprudencia.* No puedo estar con una persona que tenga una manera de ser imprudente e irresponsable con las demás personas.

48. *Obsesionado sexualmente.* Me fastidia el individuo que sea obsesivo sexualmente.

49. *No está interesado.* No soporto a nadie que no quiera tener relaciones sexuales regularmente.

50. *Infiel.* Me repugna la persona que participe en relaciones sexuales fuera de una relación comprometida.

ESCOGE LAS DIEZ COSAS QUE ENCUENTRES INSOPORTABLES

Ahora tu desafío es seleccionar diez características para tu lista de cosas insoportables, de las que yo he mencionado, o las tuyas. Ten cuidado de asegurarte que cada cualidad sea tan esencial que si la encontraras en una persona con quien has salido, sería el final de la relación. Lo que la presencia de alguna de estas características significaría es que no querrías invertir más tiempo, esfuerzo o afecto en esta relación. Para clarificar más tu reflexión, tal vez quieras poner las diez cosas en orden, comenzando con la más ofensiva.

Ya que tienes las dos listas, los requisitos y las cosas insoportables, estás listo para proceder en el camino al noviazgo. Sabes exactamente lo que buscas, y exactamente lo que no aceptarás.

Capítulo

siete

El impacto poderoso de la salud emocional

No tengo un registro exacto pero estoy seguro que he aconsejado a miles de parejas casadas. Algunas de ellas vinieron a verme porque tenían problemas que no eran muy severos, pero la mayoría estaban en sufrimiento y sin esperanzas. Los matrimonios que comenzaron como sueños se habían convertido en pesadillas, y en muchos casos, las parejas dudaban mucho de su capacidad de sobrevivir los problemas. No era siempre yo «la última parada» en su camino al abogado de divorcio, pero frecuentemente lo era.

Debo decirte que hace quince o veinte años, de repente reconocí algo que había eludido durante los primeros años de mi práctica. En mis esfuerzos frenéticos de ayudar a la gente a mantener sus matrimonios intactos, había pasado por alto la verdad más saliente de todo: que la mayoría de estas personas no tenían un problema «matrimonial». O sea, uno o dos de los esposos tenían dificultades emocionales, y cuando esos individuos traían sus problemas personales a la relación, el matrimonio se tornaba agrio.

Del setenta y cinco hasta el ochenta por ciento de todos los matrimonios que terminan en divorcio o separación, por lo menos uno de los maridos sufre de una deficiencia de salud emocional. Ordinariamente este problema lo ha perseguido al individuo por años, mucho tiempo antes de que se casaran. Y si este problema no se compone, ¡su matrimonio no se recuperará! Estoy tan convencido de esto que le digo a la gente que ningún matrimonio puede ser más saludable que la salud mental del esposo menos sano. Los individuos tienen que sanarse para que el matrimonio se mejore.

Posiblemente quieres decirme: «Sí, ¿pero no es verdad que todo el mundo tiene mayores o menores problemas emocionalmente?» Mi respuesta es un «¡NO!» rotundo. Por supuesto, hay una enorme cantidad de dolor en nuestra sociedad, y la fuente de este dolor son frecuentemente las familias quebrantadas. Es más, muchos individuos están muy confundidos sobre ellos mismos, y sobre la dirección de sus vidas. De hecho, puedo decir otra cosa: que muchas personas han sido tan lastimadas emocionalmente que tienen que luchar por su salud antes de pensar siquiera en casarse.

Todavía, el escenario no es completamente desolado, porque hay cantidades significativas de individuos emocionalmente sanos en nuestra sociedad. Y aquí tienes el punto más importante que quiero hacer en este capítulo: hasta que seas uno de estos individuos emocionalmente sanos, y hasta que te enamores de otra persona emocionalmente sana, no estás listo para estar casado.

¿EN QUÉ CONSISTE LA SALUD EMOCIONAL?

En mi opinión, la salud emocional empieza con la autoestima bien construida. Esto consiste en conocerte bien, tener tu identidad bien definida, y disfrutar de una actitud positiva acerca de ti mismo. Ordinariamente, la persona que sufre de un autoconcepto mal desarrollado desde hace mucho tiempo mostrará indicios de deficiencia de salud emocional. Puede ser algo tan leve como la baja autoestima expresada en forma de timidez anormal y taciturnidad, o en algo tan abrumador como un problema de enojo explosivo.

Estoy pendiente de las formas de comunicación para ver si la persona tiene indicios de un autoconcepto bien formado o mal formado. Por ejemplo, cuando hablo con alguien que es emocionalmente sano, nuestra conversación tiene un flujo natural. Hablamos y escuchamos por turno, y nuestro diálogo tiene un buen ritmo. La conversación progresa suavemente porque ambos escuchamos cuidadosamente los puntos de vista de la otra persona, y respondemos a estos puntos. Seguimos el hilo del tema y respetamos lo que la otra persona está diciendo.

Por otro lado, cuando me encuentro con individuos que tienen problemas para mirarme a los ojos mientras me hablan, empiezo a preguntarme qué es lo que tienen. Si nunca inician la conversación, si casi nunca responden a mis comentarios, o si hay poca evidencia de que están siguiendo el hilo general de la conversación, sospecho que están experimentando la ansiedad que casi siempre viene de una falta de confianza en sí mismo.

Llego a las mismas conclusiones si la otra persona no para de hablar. Si uno busca las raíces de este problema, casi siempre descubrirá que los individuos no están seguros de su valor, así que tratan de compensar esto con la acción de controlar la conversación. Esta clase de conducta defensiva no permite que la relación florezca. Cuando la comunicación es mala, inevitablemente la relación va a sufrir.

No concluyo inmediatamente que estas personas son incapaces de tener una relación a largo plazo. Lo que sí concluyo es que sus habilidades interpersonales todavía no están bien formadas, y su capacidad de formar una relación probablemente es limitada porque tiene baja autoestima. Si estos problemas continúan aun después de la bajada de tensión que siempre existe al principio del noviazgo, la relación está destinada a tener problemas.

Los problemas significativos de comunicación como estos son una indicación de otros problemas fundamentales más serios. La presencia de estos síntomas no quiere decir que una relación esté condenada al fracaso. Pero éstos agudizan mis oídos, y estoy muy atento para averiguar si hay otras señales de una autoestima insuficientemente formada.

Otras dificultades de comunicación

Casi todo el mundo tiene cierto grado de ansiedad en su primera salida con un posible novio. Lo que tienes que evaluar son los indicios más avanzados de una deficiencia de salud emocional. Por ejemplo, si durante la primera, y tal vez la segunda salida, hay problemas continuos y significativos de comunicación con la otra persona, yo sospecharía que cualquier relación nueva sería decepcionante para ambos individuos. Si tu novio siguiera hablando demasiado o muy poco, si simplemente no tuviera la habilidad de escuchar, si casi no te preguntara nada de ti mismo, o si cambiara la conversación súbitamente en demasiadas direcciones, sin duda estas cosas serían indicaciones de problemas significativos. Las deficiencias representarían una barrera importante para el progreso de la relación.

Esto me lleva a un asunto aun más importante. Cada persona que es un candidato sano para el matrimonio va a expresarse en una manera generosa. Simplemente no hay ninguna cualidad más central al amor que unirá a dos personas que ésta. Si notas que tu novio es completamente egoísta, casi totalmente indiferente a tus deseos y opiniones, puede ser que estés en la presencia de un desorden serio, el narcisismo. Estas personas tienen un sentido inflado de auto importancia, y no se preocupan mucho por los demás. Como puedes imaginar, los narcisistas tienen mucha dificultad con la comunicación y la edificación de las relaciones.

Los trastornos de carácter

Una persona con un trastorno de carácter frecuentemente tiene graves problemas emocionales o de conducta que casi seguramente representan un desastre para una relación matrimonial.

Uno de los aspectos más difíciles en cuanto a la identificación de alguien con un defecto de carácter es que él o ella tiende a ser excepcionalmente fascinante. Normalmente ellos se presentan de una manera atractiva y suave, y pronto puedes encontrarte compartiendo tus sentimientos más tiernos e íntimos. A veces, ellos pueden ser relativamente inconscientes de su estrategia. Obviamente, tienes que estar pendiente de la persona que comienza una relación en una manera demasiado fascinante. Y puede costarte más de dos encuentros con tales personas para descubrir algunos de estos trastornos difíciles de detectar.

En la médula de un trastorno de carácter hay una consciencia mal desarrollada. La conducta de estas personas se origina en sus propios deseos e impulsos, y no se preocupan mucho por el efecto que tengan sus acciones en las demás personas. De hecho, si estas personas pudieran satisfacer sus necesidades, aunque esto implicare dañarte de alguna manera, todavía lo harían. La gente con esta clase de problemas tiende a mentir, estafar, exagerar y aprovecharse de la gente. Cuando una persona me miente al comienzo de una relación, aun diciéndome «mentiras piadosas», o «sombreando la verdad», inmediatamente quiero protegerme contra más decepción. Sé que es casi cierto que si una persona miente una vez, va a volver a mentir. Una persona que me manipula una vez va a manipularme en otra ocasión. Una vez estafador, siempre estafador, a no ser que alguna intervención cambie la pauta interna. Cuando te involucras con un mentiroso, un manipulador, un tramposo, alguien que es irracional o maleducado o desconsiderado, o con una persona que se aproveche de ti, ¡retírate inmediatamente! El pronóstico de esta clase de defecto (o sea, la probabilidad de que pueda ser tratado exitosamente) es bajo. Simplemente no vas a querer involucrarte con una persona que tenga un trastorno de carácter.

Por supuesto, esto no quiere decir que una persona que comience una relación en una manera fascinante, simpática y sensible sea «uno de esos individuos ingeniosos con un defecto de carácter» que al final te destruirá. Sólo estoy sugiriendo que un matrimonio involucrando a alguien con un trastorno de carácter es casi seguro que acabará en fracaso. Si puedes detectarlo temprano, evitarás una tremenda cantidad de dolor.

¿Y QUÉ DE LAS NEUROSIS?

Una neurosis es un estado emocional interno caracterizado por un intento de manejar o controlar un estado excesivo de ansiedad. Las personas que sufren de neurosis generalmente están deprimidas, son temerosas, obsesivas-compulsivas, o muy ansiosas en relación a ciertas indicaciones ambientales. Si te encuentras con un individuo que tiene una neurosis, probablemente vayas a querer dilatar tu noviazgo con esta persona hasta que él o ella tenga una oportunidad de resolver su problema.

Las neurosis, en mi opinión, son mucho menos indicativas de las relaciones matrimoniales catastróficas a largo plazo que los trastornos de carácter. Pero si te metes con alguien que tiene una neurosis, tal vez vayas a pensar que no debes comenzar la relación hasta que él o ella progrese en vencer su problema por medio de la psicoterapia.

Considera la depresión por ejemplo. Aparte de los problemas bioquímicos, la depresión cabe en la categoría de las neurosis. He descubierto que las tres fuentes fundamentales de depresión son: el enojo dirigido a sí mismo; la culpabilidad; la vergüenza; y además, una pérdida. Se pueden manejar todas estas causas de depresión eficazmente con la psicoterapia. Y sino, si una persona continúa estando deprimida por mucho tiempo, cualquier relación principal está destinada al sufrimiento. Se puede tratar cada clase de neurosis, pero el tiempo de hacerlo es antes de comenzar un noviazgo serio.

LAS ADICCIONES

Nunca he visto un buen matrimonio que involucre a un individuo que tenga una adicción activa sin tratamiento alguno. Generalmente, poco a poco la adicción reduce la calidad de la vida matrimonial, y, si no la tratan adecuadamente, el matrimonio está destinado a la ruina. Por eso, animo a las personas que están de novios a que estén atentas a las acciones que puedan indicar adicciones. Si tu novio está demasiado ansioso por «tomar un trago», y luego otro y otro, esto puede señalarte que hay un problema. O si el individuo quiere tomar algo por dondequiera que vayan, puede ser una indicación peligrosa. Hay casi veinticinco millones de alcohólicos en Estados Unidos, pero aun más importante son los tomadores problemáticos que no han buscado ayuda para su adicción.

Tengo que mencionar que he conocido a muchos esposos maravillosos que eran alcohólicos recuperados. Aunque es correcto describirlos como *alcohólicos* de toda la vida, estos individuos han trabajado mucho para recuperarse y hacer una gran contribución a su matrimonio. Pero, sin seguir el proceso duro de recuperación, los alcohólicos son sumamente peligrosos si estás buscando un matrimonio feliz a largo plazo.

Hay otras adicciones a las cuales debes estar atento también. Una adicción sexual o la pornografía o un trastorno de alimentación; cada una de éstas casi siempre significa la derrota de una relación matrimonial a no ser que sean tratadas. El juego ha llegado a ser un problema cada vez más grande en Estados Unidos. También el comprar compulsivamente o el consumismo es un problema parecido. Cuando parece que la autoestima de alguien requiere una acumulación constante de cosas que él o ella no puede pagar, sabes que te has encontrado con un adicto.

Otras adicciones son más difíciles de identificar. Por ejemplo, la ambición es una cualidad maravillosa en un esposo futuro. Pero cuando la ambición empuja a una persona a tener un horario de trabajo desequilibrado, es probable que estés involucrado con un adicto al trabajo. La adicción al trabajo y las grandes experiencias matrimoniales son enemigas viciosas.

¿CÓMO ESTÁ TU SALUD EMOCIONAL?

Dado que la sanidad emocional influye tan dramáticamente en todas nuestras relaciones, especialmente en el matrimonio, necesitamos evaluar honestamente nuestro propio nivel de salud. Considera estas preguntas para ti mismo:

1. ¿Estoy sano emocionalmente en cuanto a las categorías que hemos discutido?

2. ¿Cuán establecida está mi autoestima?

3. ¿Me conozco a fondo, y qué tan contento estoy conmigo mismo?

4. ¿Estoy completamente libre de las tendencias de un defecto de carácter?

5. ¿Tengo alguna adicción que no ha sido tratada?

6. ¿Estoy sufriendo de algún problema relacionado al abuso físico o sexual en el pasado, del cual nunca me he recuperado?

Si descubres que no estás sano emocionalmente en algún aspecto, anímate a buscar ayuda en este área. Hazlo antes de comenzar otra relación. ¡Toma un descanso del sexo opuesto para arreglar esta parte de tu vida! Las citas románticas generalmente llevan a más citas, y más citas llevan a una relación seria. Tienes que recuperarte antes de meterte en un noviazgo serio.

LA SALUD EMOCIONAL COMIENZA CON EL AMOR INCONDICIONAL

Para ser emocionalmente sano, tú y cualquier individuo con quien sales tienen que ser auténticos. O sea, nunca puedes estar sano y contento hasta que sientas la libertad de ser la persona que verdaderamente eres en la médula de tu ser. Esta clase de salud emocional requiere que tomes decisiones auténticas a cada momento, las decisiones sobre las cosas importantes y pequeñas de tu vida. Cuando tomas las decisiones sabias y bien pensadas, en efecto identificas tu verdadero ser, especialmente si tomas las decisiones desde las profundidades de tu ser, y sólo después de haber considerado toda la información pertinente. Este proceso de tomar decisiones requiere que tengas la libertad de vivir tu vida sin la necesidad de aplacar a otra persona. Hay que tener una experiencia radical con el amor incondicional para que esto suceda.

Hay muchas ideas sobre la fuente esencial de esta clase de amor, pero debo decirte que para mí, esto viene del único Dios verdadero. Es cuando te metes en una relación correcta con este Dios que tienes la libertad de ser la persona que verdaderamente eres, tu ser auténtico.

Lo que quieres encontrar es una persona que ha tenido esta clase de experiencia que defina su vida. Si la persona que conoces ha experimentado el amor incondicional auténtico, y si él o ella ha trabajado mucho para tomar decisiones auténticas sobre cada aspecto de su vida, te garantizo que te has encontrado con una persona emocionalmente sana.

LAS CARACTERÍSTICAS DE UNA PERSONA EMOCIONALMENTE SALUDABLE

Hemos hablado mucho sobre los indicios de los problemas de la salud emocional. Ahora, quiero hablar brevemente de las tres características que indican la sanidad emocional. La primera es la generosidad. La gente generosa se ofrece libremente, sus posesiones, su tiempo, su energía y sus sentimientos.

La segunda es la veracidad. Alguien que dice la verdad está, por lo menos, en camino hacia la salud emocional. Tan importante es la veracidad que a menudo digo que la mera esencia de sanidad emocional consiste en un compromiso profundo y apasionado con la verdad.

La tercera es la amabilidad. En diecisiete investigaciones interculturales sobre lo que la gente está buscando en un posible esposo, la amabilidad salió como la primera o la segunda cosa principal entre todas. Todos queremos estar con personas que son amables, porque sentimos que la amabilidad viene de un lugar interior sano.

Te voy a dejar con estas palabras animadoras: si conoces a una persona que es sana emocionalmente, habrás eliminado entre el setenta y cinco y el ochenta por ciento de las causas del divorcio. Debes pasar más tiempo con esta clase de persona, especialmente si has hallado todos tus requisitos sin ninguna de tus cosas insoportables.

Capítulo ocho

Las diferencias que no debes pasar por alto

Si quieres tomar una decisión acertada de continuar o no con una relación, y si quieres tomarla dentro de los dos primeros encuentros, presta mucha atención a las similitudes entre los dos. Una vez que estés convencido o convencida de que alguien encaja con tus listas de requisitos y cosas intolerables, te ayudará enormemente si observas cuidadosamente un principio más: Busca a alguien semejante a ti para amar. Este principio ha sido muy bien documentado por investigación empírica, y he llegado a creer en él con mucha confianza.

Después de escribir el libro *Finding the Love of Your Life*, me invitaron a participar en varios programas de radio y televisión. La única pregunta que me hacían en casi todos los programas era: «¿Es verdad que dos personas con muchas características parecidas tienen la mejor posibilidad de un matrimonio exitoso?» Y siempre mi respuesta de una sola palabra era: «¡Definitivamente!»

De hecho, las similitudes son tan esenciales para un buen matrimonio que quiero volver a enfatizar su importancia en este libro. También quiero explicarte los nuevos resultados clínicos que ahora me permiten explicarte lo que considero como las similitudes más significativas de todas.

Posiblemente estés pensando: *Oímos tanto de la atracción de polos opuestos. ¿No sucede esto?* Es verdad que los opuestos se atraen. También es verdad que ordinariamente los individuos empujan al otro a la locura después de mucho tiempo. En mis observaciones de varios miles de parejas, puedo decirte que mientras más diferencias haya entre dos personas, más disminución habrá en su energía matrimonial. Creo esto con tanta convicción que he repetido varias veces mi advertencia: «Para las parejas, las similitudes son como el dinero ahorrado en el banco, y las diferencias son como las deudas». Cada diferencia requiere una enorme cantidad de esfuerzo para manejarla, y esto sustrae de la energía que necesitan para la prosperidad de la relación.

La dificultad en encontrarte con alguien como tú

Soy consciente de cuán difícil es conocer a un individuo que es muy parecido a ti. Siempre ha sido difícil, y se ha vuelto más trabajoso desde los días cuando tus padres estaban pensando en casarse.

La estadística clave que es pertinente involucra la mudanza de gente de las áreas rurales a los lugares urbanos de los Estados Unidos de América. Un poco después de la Segunda Guerra Mundial, una persona de cada tres vivía en una granja. Pero para 1979, sólo treinta años después, solamente una familia en veintiocho vivía en una granja. La migración entre los cuarenta y ocho estados contiguos era asombrosa mientras la población cambiaba de áreas rurales a ciudades. De repente, la gente vivía contigua a otras personas cuyas tradiciones y costumbres eran muy distintas. Las comunidades llegaban a estar compuestas de muchas razas que nunca se habían mezclado. Era mucho más que diversidad racial; involucraba la mezcla de gente de varias partes del país que tenían tradiciones y costumbres heterogéneas. Sin duda, es una razón significativa para la triplicación del índice de divorcio en los Estados Unidos entre 1950 y 1980.

Toda clase de investigaciones ha puesto en relieve los riesgos inherentes de casarse con alguien muy distinto de uno. J. Phillippe Rushton, un profesor de la Universidad de Western Ontario en Canadá resumió una colección considerable de investigación: «Varios estudios han demostrado que se puede predecir no solamente la ocurrencia de las relaciones, sino también su nivel de felicidad y estabilidad por el grado de paridad en los atributos personales».

En un estudio, un equipo de investigadores administró un examen psicológico a tres grupos. Cada grupo tenía treinta y cinco parejas. El primer grupo incluía parejas que estaban felizmente casadas, el segundo tenía parejas que tenían problemas pero pensaban quedarse juntas, y el tercero contenía parejas al borde de la separación. Los esposos felices eran mucho más similares con respecto a su actividad general, su amabilidad, y sus relaciones personales. Los individuos en matrimonios infelices tendían a ser diferentes. Ambos grupos de parejas infelices eran muy distintos en cuanto a la estabilidad emocional.

Finalmente, después de un análisis cuidadoso de la literatura, los investigadores White y Hatcher concluyeron: «Las investigaciones clínicas disponibles indican que la similitud está asociada con el éxito matrimonial, y menos asociada con la inestabilidad marital y el divorcio. La evidencia sugiere que la diferencia en sí está asociada con la inestabilidad matrimonial y el divorcio».

LA IMPORTANCIA DE LA
SIMILITUD

Conozco a una pareja, Matt y Kristen, que tienen mucho en común. Como sus familias vivían separadas por sólo unas cuantas casas cuando Matt y Kristen eran muchachos, en realidad se conocían desde el tercer grado de la escuela, y comenzaron a noviar cuando ellos estaban en su penúltimo año de la secundaria. Los dos eran muy populares en la escuela, casi igual de atractivos, y tenían un gran número de amigos mutuos.

Ambas familias eran del nivel alto de la clase media, activas en la iglesia, y tenían convicciones religiosas fuertes. Aunque las dos familias se encontraban sólo de vez en cuando, eran extraordinariamente similares. Ellos compartían un compromiso a la comunidad, y especialmente a las actividades de los tres hijos de cada familia.

Matt era atleta, y Kristen no lo era, pero a ella le interesaban los deportes tanto como a él. Ella leía las páginas deportivas del periódico todos los días, estaba al día con todos los equipos locales, y los dos conversaban mucho de los deportes. Ambos escuchaban música, daban paseos largos, conversaban y se reían. Eran igualmente ambiciosos e inteligentes, les gustaban las mismas funciones y entretenimiento, ambos querían mucho a los niños, y sus objetivos coincidían casi por completo.

Después de la secundaria, ellos fueron a la universidad, a dos instituciones diferentes, de hecho rivales, pero en la misma ciudad grande. Ellos continuaron con el noviazgo por un tiempo, más tarde cortaron la relación para noviar con otros, y luego volvieron a salir juntos otra vez, un patrón que continuaba hasta que salieron de la universidad. Entonces Kristen se fue a Europa por un año con su familia; Matt se quedó en casa pero la visitó por dos o tres semanas al final de su estancia allí. Fue en esta ocasión cuando aparentemente supieron que querían estar juntos permanentemente. Mientras esperaron tres o cuatro años, seguían «las mismas pistas» y seguían las mismas direcciones. Y finalmente se casaron casi diez años después de su primera salida.

En un caso así, con tantas similitudes, uno pensaría que sus probabilidades de ser exitosos en su matrimonio serían muy altas. Y tendría razón. Si cada pareja tuviera tanto en común, el índice de divorcio en Estados Unidos sería mucho más bajo. Simplemente no habría tantas diferencias sobre las cuales pelearse, como sucede con muchas parejas nuevas. Y, si pensamos en un largo trayecto, los valores e intereses compartidos proveen un ambiente estable para criar a los hijos y seguir los objetivos de cada uno en su vida.

Matt y Kristen tuvieron suerte. Dado que venían de hogares con tanto en común, ellos tenían docenas de expectativas, prácticas y costumbres iguales. Es como si ambos comenzaran con un millón de dólares en el banco, no debiendo nada. Tienen toda la vida para gozar de su familia, crecer individualmente y construir juntos algo maravilloso.

SIETE SIMILITUDES QUE SON SIGNIFICATIVAS

He aconsejado a cientos de parejas que pensaban en casarse, y he mantenido la cuenta de muchas de ellas por años. He notado cuidadosamente sus similitudes y diferencias y he llegado a la conclusión de que ciertas similitudes clave contribuyen en una manera sumamente profunda al éxito marital. Quiero describir para ti las siete más esenciales.

1. ARMONÍA ESPIRITUAL

He atravesado los Estados Unidos dando conferencias para los solteros así como para los cónyuges. He hablado con cientos de estas personas, y he concluido que la similitud más importante para cualquier pareja, aunque lo sepa en el momento o no, se trata de la espiritualidad.

Aquí no estoy hablando de una «afiliación religiosa» compartida, aunque a veces ésta es importante también. Me estoy refiriendo a la cuestión más profunda de la espiritualidad, lo que tiene que ver con el contexto más amplio dentro del cual piensas vivir tu vida. Esencialmente, se trata de una cuestión de tu creencia en y tu relación con un Dios, y no sólo *un* Dios, sino un Dios personal. Si crees que Dios existe, que uno puede relacionarse personalmente con Él, que Él te creó y te ama mucho, entonces tal vez tu vida esté influida profundamente por tus interacciones con Dios.

Si eres profundamente espiritual, y la persona con quien piensas casarte tiene muy poco interés en lo espiritual, ambos están destinados a encontrar una barrera que los separará. Si siguen adelante, con frecuencia van a experimentar un sentido profundo de frustración que termina en agonía.

La espiritualidad está relacionada con la función esencial de la vida. Si una persona tiene un interés espiritual significativo y convicciones fuertes, y la otra persona es indiferente y desapasionada sobre esta área, de seguro van a tener problemas.

Pero aquí tienes una verdad paradójica: Es posible que la espiritualidad no sea una similitud esencial si ninguno de los dos tiene intereses espirituales, y nunca piensa tenerlos. Sin embargo, es interesante que la mayoría de parejas que perduran por un período largo empiezan a tener una curiosidad espiritual más apremiante. Sin duda el hambre espiritual vale más considerarlo; definitivamente vale mucho pensarlo si tienes un interés espiritual agudo ahora, o si piensas que posiblemente lo tendrás en el futuro.

2. DESEO DE INTIMIDAD VERBAL Y HABILIDAD DE SER ÍNTIMO

La intimidad tiene el potencial de quitarlos a ti y a tu amante del mundo solitario de la separación, y levantarlos a la estratosfera de la unidad emocional. Pero si las dos personas tienen deseos muy distintos del nivel de intimidad, seguramente su relación va a sufrir. Es más, si su deseo por intimidad es similar, la relación puede resultar penosamente frustrante si un individuo sabe promover la intimidad y el otro individuo no sabe hacerlo.

Puesto que la intimidad entre dos personas significa el compartir sus sentimientos, pensamientos, sueños, temores y anhelos más profundos, esto requiere que ambos sean capaces de hacer adecuadamente por lo menos tres cosas. Primero, cada persona tiene que ser capaz de alcanzar estos pensamientos y sentimientos desde la profundidad de sus entrañas. Segundo, ya alcanzando esta información sensible, el hombre o la mujer necesita ponerla en otras palabras y poseer bastante valor como para comunicársela a otra persona. Tercero, cada uno debe escuchar atentamente y con precisión, ayudando así al otro a sentirse comprendido y estimado.

Cuando dos individuos tienen un compromiso mutuo de hacer desarrollar la intimidad y la capacidad de hacerlo, automáticamente se unirán, se fundirán y se fusionarán. Literalmente, sus partes interiores más importantes se entrelazarán. Esto los lleva a ser lo que la Biblia llama «una sola carne» en el sentido de que sus identidades se entrelazan, que los dos se hacen uno.

3. NIVEL DE ENERGÍA

Algunas parejas que se meten en problemas relacionales vienen de orígenes muy similares y tienen valores muy parecidos. Pero si ellos tienen niveles de energía que son diferentes, van a tener los mismos problemas que los esposos menos similares.

Si sales con alguien que te parece letárgico, trata de averiguar cuál es su problema. Siempre hay una razón física o psicológica para el letargo. Si se debe a una causa bioquímica, la persona necesita tratamiento, y mucho tiempo antes de un noviazgo serio con él o ella. Por otro lado, si sales con alguien que es maníaco, alguien con tanta energía que casi no puede controlarse, las consecuencias a largo plazo son igualmente serias. Se puede tratar una enfermedad maníaca-depresiva con medicina, y el tratamiento sería necesario para que el matrimonio funcione. Pero tal vez aun más importante es la experiencia de salir con una persona que no sea ni «patológicamente» maníaca ni depresiva, pero cuya energía es mucho más alta o baja que la tuya. ¡Ten mucho cuidado con esto!

4. NIVEL DE AMBICIÓN

Nuestra sociedad se enfoca en la ambición de cada persona. Si tienes muy poca o nada de ambición, pronto se hará obvio. Y si tienes mucha ambición, será igualmente aparente. ¿Estás contento trabajando tus cuarenta horas cada semana, regresando a casa para descansar; y divirtiéndote con los deportes o la jardinería o un instrumento musical? Si estás contento así, necesitas casarte con un individuo que tiene el mismo nivel de ambición.

Pero si eres una persona que es muy activa, alguien que quiere subir al próximo nivel en su carrera lo más pronto posible, que está motivado por los objetivos y los altos sueños para el futuro, tienes que encontrarte con alguien con una ambición parecida.

Casi nunca me he encontrado con dos personas con muy distintos niveles de ambición que sentían nada más que gran dolor al vivir juntos.

5. EXPECTATIVAS SOBRE LOS PAPELES DE LOS ESPOSOS

Esto quiere decir que ambas personas tienen ideas compatibles sobre sus obligaciones y responsabilidades en su relación y en el hogar. En estos tiempos de mucho cambio en los papeles de los hombres y las mujeres casados, he visto a bastantes parejas felices que tenían una variedad de puntos de vista sobre este asunto. Conozco a un hombre que renunció a su posición ejecutiva para cuidar a sus hijos y cuidar la casa mientras su esposa trabajaba tiempo completo. Creo que ellos son extraordinariamente felices con sus arreglos. Por otra parte, parece que algunos de mis amigos están llegando a una distribución igual de trabajo. Ambos individuos trabajan casi la misma cantidad de horas fuera de la casa, y ellos comparten las tareas del hogar. Creo que son felices también. Y, algunos de los esposos que conozco son muy tradicionales, la esposa cuida a sus hijos y cuida la casa mientras el esposo gana el dinero para mantener la familia. El punto es éste: si ambas personas están de acuerdo sobre la división de los quehaceres y los papeles que desempeñan, no importa qué variación escojan ellos. Pero si no están de acuerdo, ¡van a pagar un precio muy alto!

6. INTERESES

Cuando hay varias cosas que una pareja goza hacer, ellos tienen un campo grande donde pueden jugar felizmente el juego de la vida. Siempre he creído que es mejor si estos intereses cubren varias categorías. Por ejemplo, si los cinco pasatiempos principales de unos cónyuges son deportes, es menos beneficioso para la relación lo que sería si los cinco pasatiempos se extendieran por los campos de la música, los deportes, el teatro, la literatura y el viaje.

Si empiezas a noviar con una persona nueva, una de las primeras cosas que puedes averiguar son sus intereses mayores. Probablemente no te costará mucho trabajo hacer esto, porque a la gente le gusta hablar de sus pasatiempos y sus pasiones. Si te enteras de que dos o tres de sus diversiones se superponen con las tuyas, es un buen comienzo para una relación. Pero si tus intereses no se superponen para nada, la relación no tiene muchas posibilidades.

7. COSTUMBRES PERSONALES

La gran parte de costumbres personales parece muy insignificante e inconsecuente cuando se está noviando. Pero cuando te casas y vives con alguien todos los días, estos hábitos pequeños se hacen exagerados. Aquí tienes unos ejemplos de las costumbres que pueden producir conflicto: la puntualidad, la limpieza, el orden, la seguridad, la responsabilidad, y el manejo del peso. Podríamos mencionar docenas de otros hábitos que cada persona necesita considerar antes de comprometerse con una relación de toda la vida. Permanece atento para ver si hay hábitos que puedan crisparte los nervios.

MI MOTIVACIÓN PARA ESCRIBIR ESTE CAPÍTULO

Francamente, tenía miedo de que no fueras a incluir algunas de estas importantes semejanzas o diferencias en tus listas de requisitos o cosas insoportables. Estas diferencias pueden aparecer poco a poco. Uno no se fija en cuán importantes son las disimilitudes hasta que está en la presencia de una de ellas durante un tiempo, y la discrepancia entre ti y la otra persona de repente llega a un volumen doloroso que nunca habías percibido anteriormente.

Por ejemplo, si uno de ustedes es extraordinariamente limpio, y el otro no, y si pasan todo su tiempo de noviazgo en el ambiente «limpio», es posible que no te des cuenta de cuán problemático puede ser esta situación para ambas personas. Y si pasas todo tu noviazgo haciendo actividades que requieren que ustedes «hagan» algo, y si no hay mucho tiempo para conversar a un nivel profundo, posiblemente no vayas a reconocer lo diferentes que son ustedes en cuanto a sus necesidades de compartir pensamientos y sentimientos íntimos.

Busca a alguien para amar que sea muy parecido a ti, y esto será como el dinero ahorrado en el banco para tu relación a largo plazo.

Capítulo

nueve

LOS PRINCIPIOS
PARA NEGOCIAR UN
GRAN TRATO

H ace unos años llegué a una conclusión con respecto a la selección de un compañero de vida que me parece tan pragmática y poco romántica que casi me da vergüenza compartirla contigo. Es ésta: Cuando estés buscando un esposo, puedes suponer que vas a atraer a una persona cuyo «conjunto de atributos» es aproximadamente idéntico al tuyo. Éste es el principio del mercado. Quieres encontrarte con la mejor persona posible, pero esta mejor persona depende, en gran parte, de lo que traes al trato.

La verdad es que todo el mundo quiere adquirir un «buen trato» en cuanto a la selección de un buen esposo o esposa.

Hablando de esposos, se define un buen trato como «una persona que trae al matrimonio por lo menos tantas cualidades como tú». Este principio me parece un poco grosero. Parece tan práctico: tú me das *eso*, y yo te daré *esto*. Pero después de muchos años, me doy cuenta de que nunca he encontrado un matrimonio exitoso donde ambos individuos no pensaran que habían negociado un gran trato.

¿Qué tienes para ofrecerme?

Casi todo el mundo estaría de acuerdo conmigo que los individuos traen diferentes conjuntos de cualidades al proceso de escoger un esposo. Algunos individuos son excepcionalmente inteligentes, amables, maduros, guapos, en buena condición física, dotados atléticamente, talentosos musicalmente, y reflexivos espiritualmente. Ellos son los que llamo los individuos «que pasan fácilmente» porque para ellos es fácil atraer a los posibles esposos. Las personas del sexo opuesto desean salir, y aun casarse, con ellos. Otros individuos traen un conjunto más modesto de cualidades a «la mesa de negociación». Y aún otros traen mucho menos al trato. Una de las primeras cosas que tienes que hacer antes de «ir de compras» por un compañero marital es determinar qué es lo que tienes para ofrecerle.

Para acelerar y cuantificar este proceso, he preparado lo que llamo un examen de «resultado final» lo que mencioné en un capítulo anterior. Este equipo consiste en cien dimensiones, o cualidades, sobre las cuales puedes clasificarte entre los números uno y diez en cada dimensión. Luego sumas el puntaje. El número final será entre cien (si te clasificas con sólo uno en cada dimensión) y mil (si te clasificas con diez en cada aspecto).

Por medio de mis investigaciones y práctica clínica, he determinado que es mejor que las personas escojan un esposo con un puntaje de un «resultado final» cerca del suyo. De hecho, mi experiencia es que estos puntajes del individuo tienen que salir de entre cincuenta y setenta y cinco puntos de su compañero para que ambos piensen que negociaron un buen trato.

¿CUÁLES CARACTERÍSTICAS SON LAS MÁS IMPORTANTES?

Tú sabes lo mismo que yo: La sociedad dice que la apariencia es la cualidad más importante de todas. En realidad, en varios círculos, si traes una belleza excepcional al «mercado de esposos» puedes ganar casi cualquier persona con quien te encuentras. La apariencia es, mayormente, la cualidad más codiciada hoy en día.

Por supuesto, no debemos olvidarnos del hecho de que el índice de divorcio-separación en muchos países es mayor que el sesenta por ciento. Si la apariencia es la característica que estás juzgando como la más importante casi todo el tiempo, debemos ser muy escépticos en cuanto a su valor, dado este índice increíble de fracasos matrimoniales. Sospecho fuertemente que mi mamá tenía razón cuando decía que las apariencias engañan. Hay muchas cualidades más significativas que la apariencia cuando se trata de la elección del mejor compañero marital.

Entonces, ¿qué características te importan más? Espero que hayas podido determinar esto cuando preparaste tus listas de requisitos y cosas insoportables. La verdad es que me parece que todos los solteros que conozco tienen listas distintas. Sus listas dependen de quiénes son, el ambiente donde se criaron, lo que han aprendido de las relaciones previas, y sus objetivos. Algunas personas necesitan una pareja que tiene una personalidad dinámica y las habilidades sociales que dan una buena impresión a las demás personas. Otros tienen que casarse con alguien de alta inteligencia. Todavía otras personas requieren intereses artísticos, talentos creativos bien desarrollados, o un sentido del humor agudo. En las mejores condiciones, las cualidades más significativas de un hombre y una mujer satisfacerán las necesidades más apremiantes de su compañero.

La importancia del puntaje
en el resultado final

Aunque te puede parecer demasiado franco, nadie quiere casarse con alguien «de una categoría inferior» No estoy hablando necesariamente de la clase social, la posición de la familia, la riqueza o la educación, sino de la *totalidad* de características que uno trae al matrimonio. Si un hombre o una mujer principalmente buscan a alguien con una espiritualidad profunda, mucha energía, una persona de carácter excelente, o la paciencia de Job, de todos modos, esta persona quiere alguien cuyo puntaje en el resultado final sea similar al suyo. Y *debe* querer esto porque casi nunca he conocido a dos esposos felices que no tenían esta clase de equivalencia.

Obviamente, entonces, antes de buscar un esposo, tienes que evaluar cuidadosamente lo que posees para traer a las «negociaciones», Sería lo peor casarte con una persona que trae más a la relación que tú, o mucho menos.

El otro día, un hombre llamado Ben vino a mi oficina para reportarme los resultados de su inventario. «Dr. Warren, hice tu examen y salí con un resultado final de 650. Pero, aquí tienes la parte emocionante: Mi prometida, Brittany, también hizo el examen y ella salió con un puntaje final de 825. ¿No te parece que estoy haciendo un buen trato?»

Me di cuenta que él no había acertado el punto del ejercicio. Obviamente estaba muy emocionado porque él salía ganando.

«Ben, honestamente, no creo que éstas sean buenas noticias», le respondí.

En unos momentos, su expresión cambió rápidamente, de animada a seria. «Pues, ¿por qué no?», me preguntó. «¿Qué hombre no querría casarse con una mujer que tiene de todo, aun si no "hacemos un juego ideal", como tú dices?»

«No quiero ser cruel», le dije, «pero, piénsalo así: Si te casas con Brittany, puede que pases el resto de tu vida preocupándote por cada hombre que ella conoce. Una vez que ella se dé cuenta de que tú traes menos cualidades a la relación que ella, es probable que ella piense que ha cometido un gran error. Y cuando Brittany conozca a un hombre que tenga un puntaje cerca de su resultado de 825, es muy probable que ella esté atraída a él. Ves, no es cuestión de que *tú* "salgas ganando", sino de ambos, tú *y* tu compañera, haciendo un gran trato. Para hacer esto, necesitan tener paridad».

Naturalmente, a Ben no le gustó mi respuesta. Parecía poseer un billete premiado de la lotería, sólo para ser informado que se había vencido. Sin embargo, tuve que decirle la verdad. Sabía que él y Brittany eran tan diferentes que para ellos, un matrimonio sería un desastre.

ALGUNAS PERSONAS SE CREEN «ESTAFADAS» EN SU ELECCIÓN DE COMPAÑERO MATRIMONIAL

Me parece que algunos hombres y mujeres atractivos reciben «ofertas» solamente de los individuos que tendrían un puntaje menos que ellos en el inventario del resultado final. Me refiero a estas personas como «estafadas». Ellos son los individuos cuyo lema para su vida amorosa sería «no he recibido ninguna oferta decente». La mayoría de las personas estafadas están convencidas de que, por alguna razón, el proceso de elegir una pareja no los ha tratado justamente. De una forma u otra, la gente no se fija en ellos. Sus virtudes han sido menospreciadas y sus defectos sobrestimados, y por eso parece que sólo atraen a los individuos que, según su opinión, son inferiores.

Conozco a cientos de personas en este grupo, tanto hombres como mujeres, que viven la vida sintiéndose estafados por el proceso de selección de su pareja. Por ejemplo, hay personas que salen con un puntaje de 600 en el inventario de cualidades, pero que llaman la atención de los miembros del sexo opuesto que marcan un puntaje de 450. Parece que estos individuos de 450 están tratando de manipular, aun engañar, un trato que no es bueno para esta persona de 600, que a menudo la pasan por alto. Lo que la persona estafada quiere desesperadamente es que uno de los individuos de 600 se fije en ella. ¿Por qué no pueden los individuos de 600 hacer unas cuantas ofertas?

Si te sientes frustrado porque nadie de tu calibre se fija en ti, hay por lo menos tres razones posibles por tu apuro. La primera razón es que posiblemente te estés marcando demasiado alto, que tu resultado final esté inflado y sea poco realista, y que esta calculación errónea te haga sentir estafado y menospreciado repetidas veces. La sobrestimación del resultado final ocurre frecuentemente, y el culpable a menudo es un padre o una madre bienintencionados que tratan de ayudarte a creer en ti mismo, pero en realidad te convencen de que tienes cualidades que simplemente no tienes.

La segunda razón por la cual unas personas se sienten estafadas es que no han aprendido cómo presentarse eficazmente. Por ejemplo, si realmente ellos merecen un puntaje más alto en la escala de personalidad, pero son tan callados que nadie puede descubrir cómo son, por supuesto van a ser menospreciados. Y si nunca han aprendido a articular sus ideas y opiniones, es probable que sean menospreciados en la escala de inteligencia. Lo mismo es verdad en cuanto a la apariencia, cuando la gente atractiva se viste de manera desaliñada, o no está bien arreglada, se vende por una miseria. Si te sientes menospreciado por el sexo opuesto, pregúntate si tu presentación es eficaz.

La razón final por la cual se sienten estafados es compleja. Tiene que ver con lo de «dar valor». Por ejemplo, si tu atributo principal es la inteligencia, y si te mereces un 10 en esta dimensión, no te conviene socializar mucho con las personas cuyos enfoques en la vida son las fiestas y los juegos de fútbol. Puede que tu 10 sea reducido al 1 porque este grupo social no valora mucho la inteligencia. Si tu vida espiritual es esencial, y si has llegado a ser un verdadero gigante espiritual, la socialización con personas que creen que la espiritualidad es rara puede reducir la fuerza de tu resultado. Lo que tiene más significado para los «jueces» es sumamente importante cuando se trata de calcular tu resultado final. Así que el secreto es asociarse con la gente que valora mucho tus cualidades principales.

Si eres uno de la gran cantidad de solteros que se cree estafado por el proceso de buscar tu compañero matrimonial, entonces, sin duda estás desesperado para corregir este error. Quieres encontrarte con el calibre de persona que mereces. Recuerda: La persona que hallas será el resultado de unas negociaciones complejas, y ya que has prestado atención a las cualidades que traes a la mesa, quiero hablarte sobre los mejores medios para negociar un gran trato.

PRINCIPIO DE NEGOCIACIÓN I: PON EN ORDEN TU «LISTA DE COMPRAS»

Si vas a comprar comestibles, y si tienes exactamente cincuenta dólares con que comprarlos, probablemente no vayas a poder comprar todo en tu lista. De manera que tienes que preguntarte qué cosas son más importantes para comprar. Piensas cuidadosamente en tus prioridades: *Compraré pan y saltearé las papas fritas. Y, llevaré una libra de carne molida, pero dejaré el paquete de seis sodas.* Obviamente, ésta es una parte esencial del proceso de compras. Ya que has puesto en orden tu lista, estás listo para buscar las cosas que más necesitas y quieres.

Algo parecido tiene que suceder cuando estás «comprando» un compañero marital. La primera cosa que debes hacer es determinar qué traes a las negociaciones, o sea, la totalidad de tus bienes, o el tanteo de tu resultado final. Esto te informará cuánto puedes comprar, es decir, cuántos atributos tendrá la persona que quiera salir contigo.

Entonces vas a saber el puntaje del resultado final de la persona que puedes atraer. Es como saber cuántos dólares tienes para comprar las cosas en el mercado. Y ahora la diversión comienza. Tú tienes que determinar *cómo* vas a pagar la suma total. Seguramente, no quieres gastarlo en atributos que no son absolutamente esenciales para ti.

Así que comienzas a poner en orden las virtudes que tienes en tu lista de compras, dando un número de prioridad a las cualidades que buscas. Hay unos secretos importantes que considerar en este proceso. Por ejemplo, posiblemente no vayas a querer pagar demasiado de tu presupuesto por las cosas superficiales. He observado que los matrimonios exitosos casi siempre son erigidos sobre los atributos que son centrales al carácter y la personalidad de alguien. Cuando conozcas a un individuo que tenga una personalidad verdaderamente encantadora y bella, tal vez tu apreciación de su apariencia suba mucho, aun si esa persona es solamente un poco más guapa que el promedio. Algunas investigaciones indican que los esposos que están profundamente enamorados estiman la apariencia de su amante significativamente mucho más alta que lo que haría un jurado objetivamente.

En esto encontramos una herramienta secreta para la negociación. Busca las cualidades que están conectadas con el ser profundo e interno de la persona. Éstas son las cualidades que perdurarán, que van a seguir contribuyendo a la riqueza del matrimonio año tras año. En vez de pagar mucho de tu presupuesto por la belleza y el cuerpo delgado, paga liberalmente por el buen carácter, la generosidad y la amabilidad.

Aquí tienes otro secreto que he descubierto: Puedes salir ganando en cuanto a estas cualidades internas. O sea, no tienes que pagar lo que realmente valen las características. Sin embargo, contrariamente, tendrás que pagar una prima enorme por las «apariencias», y con el tiempo, sin duda estarás decepcionado, especialmente si tienes que aflojar un gran porcentaje de tu presupuesto. Como un carro nuevo que se deprecia dramáticamente tan pronto como sale del lote, la apariencia física disminuye en valor mucho más rápido de lo que uno pensaría. Pero «las cualidades del alma» aumentan en valor cada año por el resto de tu vida.

PRINCIPIO DE NEGOCIACIÓN 2: INVERTIR EN MATERIA PRIMA

Cada vez que puedo, hablo con los solteros sobre la importancia de invertir en el *potencial*. Muchas veces, no hay que pagar tanto por las cualidades que todavía no han sido realizadas. Si aprendes a tener buen ojo por el potencial de alta calidad, puede que esto te ayude a obtener un trato maravilloso.

Supongamos que una mujer quiere un hombre con una gran capacidad de proveer la seguridad económica. En mi opinión, no hay ningún problema con una mujer que quiere un marido que pueda darle un estilo de vida que incluya una familia y una casa cómoda, a no ser que ella pague demasiado porque permite que esta cualidad domine sus pensamientos o, porque quiere esta seguridad *ahora mismo*. Si ella puede identificar un hombre que tenga la materia prima para ser un buen proveedor, aun si va a tardar varios años para realizarlo, su costo será considerablemente menos.

Por ejemplo, conozco a una pareja que era tan pobre como ratón de iglesia cuando se casó. El hombre apenas había regresado del servicio militar, y todavía no había empezado sus estudios posgraduados. La mujer decidió ser maestra mientras él estudiaba para ser abogado. Él empezó a trabajar con una empresa legal, superaba todos los obstáculos, y finalmente llegó a la posición de socio. Ahora esta pareja goza de un estilo de vida cómodo.

Tal vez esta selección de su parte fuera obvia, pero los principios quedan iguales cuando la selección no es tan obvia: Busca un individuo que sea ambicioso, trabajador, decidido y seguro. Busca un futuro ligado con esta clase de «estrella», y el premio será exactamente lo que quieres.

La clave es que puedes ganar un trato mucho mejor si encuentras una persona que, con el tiempo, tiene la probabilidad de desarrollarse en las cualidades que admiras más. Busca las cualidades que quieres mientras están todavía en el capullo, en vez de cuando están en plena flor.

PRINCIPIO DE NEGOCIACIÓN 3: BUSCA UNA PERSONA CUYOS SUEÑOS PARA EL FUTURO SE SUPERPONEN CON LOS TUYOS

Tristemente, la mayoría de las personas que están de compras por un esposo o esposa no se informan a fondo de las aspiraciones a largo plazo de su posible compañero. Sin embargo, he llegado a creer que la mayor parte de ellos caminará de modo sorprendente hacia sus sueños. Si te encuentras con alguien cuyos sueños son muy parecidos a los tuyos, a menudo puedes salir con un trato fenomenal. Puede que otros pretendientes pasen por alto esta dimensión necesaria, y posiblemente no vayan a estar dispuestos a pagar lo que valen los sueños.

Conozco a cierto hombre, quien como muchacho soñaba con trabajar algún día para las Naciones Unidas en un país del Tercer Mundo. Anhelaba servir así, y, es más, quería viajar por el mundo y experimentar la riqueza de vivir en otra cultura. La mujer con quien se casó tenía sueños similares cuando ella era joven. Cuando ellos se dieron cuenta de que tenían las mismas aspiraciones, tomaron la decisión de casarse. Y juntos, ambos realizaron sus sueños. Se trasladaron a África, sirvieron en las

Naciones Unidas, y crecieron a pasos agigantados viviendo en un país extranjero. Ellos son muy felices por haberse casado y haberse ayudado mutuamente a realizar sus sueños.

En mi libro *Learning to Live with the Love of Your Life...and Living It*, escribí lo siguiente: «Si sueñas con algo por mucho tiempo, vas a empezar a esperarlo. La esperanza estimula la planificación. La planificación produce unas acciones designadas para animarte a adelantarte. Esto trae el progreso. ¡Todo comienza con un sueño!»

Uno de los secretos que he aprendido para negociar un gran trato en tu selección de esposo es encontrarte con alguien cuyos sueños tienen la probabilidad de llevarlo al mismo destino que el tuyo. Si te enfocas en los sueños de la otra persona, tu buen juicio le proporcionará mucho más valor que su costo.

PRINCIPIO DE NEGOCIACIÓN 4: BUSCA UNA PERSONA QUE VALORA TUS CUALIDADES

A menudo, les digo a mis clientes que una de las cosas más importantes que he aprendido en mis treinta y cinco años de práctica clínica está resumida en esta declaración: Siempre vamos a amar más a la persona que nos ayuda a sentirnos lo mejor posible acerca de nosotros mismos. Entonces es sumamente importante que escojas un compañero matrimonial que te haga sentir estupendo.

Cuando empecé a salir con Marylyn, inmediatamente ella me hizo sentir muy bien. Ella tenía una manera natural de hacerme sentir importante, deseado y significativo. Ésta era una causa principal de mi sentido de flotar en el aire durante todo nuestro noviazgo. Y para mí, este fenómeno nunca ha parado.

Es interesante que la persona que te aprecia tanto, hace que empieces a apreciarte más, posiblemente no sea el individuo «más caro» del mercado. Lo que él o ella tienen para ofrecerte será enormemente valioso, pero generalmente no tendrá que costarte tan caro como pensarías. Y si no pagas tanto, puede que acabes con la capacidad de costearte otros atributos que nunca hubieras podido alcanzar sin este «descuento».

PRINCIPIO DE NEGOCIACIÓN 5: BUSCA UNA PERSONA QUE BRILLE CUANDO ESTÁN JUNTOS

Éste es un complemento al último principio. Puede que quieras hallar a alguien que brille cuando están juntos, alguien cuyas mejores cualidades se remonten por causa de tu atención y ánimo. ¿No te has dado cuenta que algunas personas simplemente se animan cuando están contigo, mientras otras muestran poco cambio en tu presencia, tal vez aun se comportan como si estuvieran aburridos e indiferentes cuando están juntos? El sentido común dice que se debe prestar atención a la persona cuyo valor sube mucho a causa de ti. Esto puede contribuir en gran parte a tu realización de un trato maravilloso.

Dudo que las investigaciones puedan explicar completamente por qué algunas parejas parecen brillar cuando están juntas, y otras se quedan sin brillo. Por ejemplo, tengo unos amigos a quienes les cuento chistes, y puedo esperar una gran risa. No es que me estén halagando, solamente tenemos mucha energía cuando estamos juntos. Contrariamente, hay otras personas con quienes mi humor fracasa, los mismos chistes no provocan casi ninguna reacción. Cuando estoy con algunos individuos, estoy sereno bajo la presión, sabio cuando la situación exige la sabiduría, y naturalmente amable y generoso. Pero me parece que otros individuos ponen de manifiesto mis aspectos menos atractivos, como pánico bajo una situación de presión, mis revelaciones mundanas, mi reserva, y mi egoísmo.

Si quieres negociar un buen trato, busca a las personas cuyas cualidades alcanzan sus apogeos cuando están contigo.

HAZ QUE «EL MERCADO» TRABAJE PARA TU BIEN

Te guste pensarlo o no, la persona con quien te cases tendrá un conjunto de atributos que se comparan favorablemente o negativamente con los tuyos. Así que tu mejor oportunidad para tener un gran matrimonio está en tu selección de una persona cerca de tu puntaje, alguien cuyos dones especiales te satisfacerán en las profundidades de tu ser por la máxima cantidad de tiempo. Esto requiere el pensamiento y la acción cuidadosa de tu parte. Pero puedes aprender a manejar esta parte del proceso tan bien que al comienzo de una relación vas a poder evaluar la calidad del intercambio. Aunque sin duda no vas a querer casarte con una persona que, ahora o en el futuro, te verá como menos que un buen trato, tampoco quieres aceptar algo más que un buen trato dentro de tu surtido de candidatos legítimos. Estoy convencido de que puedes hacer una selección excelente si te acuerdas de estos cinco principios relativamente sencillos:

Primero, no pagues una gran porción de «tus fondos» por las cualidades que, aunque son importantes, tienen un valor superficial. En su lugar, busca las cualidades «profundas en el centro de su ser» que serán más importantes para tu matrimonio.

Segundo, busca la materia prima.

Tercero, halla una persona cuyos sueños más apasionados para el futuro se superpongan con los tuyos.

Cuarto, dirígete al individuo que valore tu conjunto de cualidades más que nadie.

Quinto, busca a la persona que brille más cuando están juntos.

Si sigues estos principios, es probable que acabes con un trato tan maravilloso que estarás celebrando tu increíble sabiduría por el resto de tu vida.

Capítulo diez

CÓMO TOMAR UNA DECISIÓN ACERTADA Y TEMPRANA

Estoy completamente seguro que casi todo el mundo es capaz de tomar una decisión temprana y acertada para continuar un noviazgo o no. Ésta es una decisión vital, especialmente para la gente que no quiere perder el tiempo o arriesgar el dolor emocional que acompaña una relación sin futuro. Todavía, algunas personas son incapaces de «ejecutar» su decisión, parece que son incapaces de expresarse y llevar a cabo lo que saben que deben hacer.

Recientemente, hablé con David Clark. David arregla cosas descompuestas en mi casa desde hace ya mucho tiempo y he llegado a conocerle muy bien durante estos años. Él me preguntó acerca de lo que estaba escribiendo, y le dije el título de este libro. Esto le recordó una historia, la cual he oído mucho en mi práctica.

«Permíteme contarte lo que me pasó», Dave dijo. «Cuando era joven salí con una mujer por tres años. Supe enseguida que no hacíamos juego, pero de veras no sabía cómo terminar la relación. Cada vez que empezaba a decir algo sobre el separarnos, no podía continuar. Tenía miedo de lastimarla, o temía que ella no pudiera aguantarlo. Luego, la relación progresó tanto que nos comprometimos. De hecho, compraron quinientas invitaciones para la boda, y las prepararon para enviar».

«Pues, ¿cómo terminaste la relación finalmente?», le pregunté.

«Bueno», me dijo vergonzosamente, «Nunca le dije nada, pero me porté tan mal que finalmente ella se hizo responsable de acabar con nuestra miseria».

Luego, Dave seguía hablándome para animarme: «Explícale a la gente cómo comunicar su decisión de tal manera que no arruine a la otra persona».

Tomé lo que dijo David muy en serio, por dos razones: por la experiencia que había tenido David, y también, porque he conocido a tantos individuos que continuaron en la relación, aun cuando vieron las peligrosas señales de comenzar a actuar con una «conducta loca». Estas personas siguieron adelante y se casaron, y en gran parte, el matrimonio era enormemente decepcionante, algo que se habría podido evitar si uno de ellos hubiera podido tomar lo que realmente era una decisión prudente.

SEIS PRINCIPIOS PARA ACTUAR EN LAS FASES TEMPRANAS DE LA RELACIÓN

PRINCIPIO I: CONVÉNCETE QUE EL COSTO DE UNA DECISIÓN NO TOMADA A TIEMPO SE HARÁ MUCHO MÁS ALTO EN EL FUTURO.

Cuando una relación dura mucho tiempo, tanta intimidad ocurre que la separación se hace extremamente dolorosa. Como mencioné antes, he visto a cientos de parejas en terapia que desde un principio sabían que no debían haberse casado. Pero, sintiéndose mal preparados (¡o categóricamente asustados!) de hablar abiertamente sobre su decisión, estos individuos continuaron hacia su matrimonio. ¡Y luego comenzaron sus verdaderos problemas!

Por ejemplo, ayudé a una pareja de éstas en la terapia, y ellos tenían cuatro hijos. Ahora su decisión negativa iba a tener algunos efectos dañinos en cuatro vidas tiernas. Yo trabajé muy duro, como ellos también, para mantener unida su relación, pero las desventajas terribles de su unión provocaban un conjunto casi insuperable de problemas. Prácticamente todos estos «indicios de mal juego» habían existido en las etapas más tempranas de su relación. Es más, ellos habían notado sus diferencias, pero no actuaron. Me pregunto si ellos habrían tenido el valor de expresar sus percepciones en ese entonces si hubieran comprendido que sus problemas nunca iban a desaparecer.

Cuando algunos problemas significativos existen en el comienzo de un noviazgo, estas cosas no se mejorarán en nueve de cada diez casos. Tienes que estar convencido de esta realidad. Esto puede ayudarte a dar las malas noticias sobre la relación tempranamente, cuando el dolor emocional será mucho más manejable.

PRINCIPIO 2: SIGUE RECORDÁNDOTE QUE LA VERDAD SIEMPRE ES MÁS SIMPÁTICA QUE ALGO MENOS QUE LA VERDAD

Casi nunca hay un mejor tiempo que *ahora* para decir la verdad, especialmente si esa verdad tiene consecuencias a largo plazo para la otra persona. De hecho, quiero decir que la verdad libera a ambas personas a enfrentarse eficazmente con las realidades.

Cuando dos individuos empiezan a noviar, hay mucho que ellos están arriesgando. Lo peor es cuando una persona se enamora locamente de la otra persona sin que su amor sea correspondido. Pero aun así es posible manejar esta situación en la mayoría de casos, si esta información sale pronto en la relación. Cuando se dice la verdad, comienza la liberación.

Puede que te preguntes: ¿y cómo puede ser que la verdad sea tan liberadora? En el caso del noviazgo y la selección de un esposo, pienso que principalmente es así: El objetivo final para cada uno es progresar hacia la elección de un gran compañero marital. Este proceso, si va a ser relativamente fácil y satisfactorio al final, requiere que las dos personas involucradas estén completamente informadas en cuanto a la verdad de ambas durante todas las fases del proceso de la toma de decisiones. Cuando es así, ellos pueden decidir una cosa pequeña tras otra, siempre informadas con la pura verdad, para acabar en una decisión excelente. Pero si un individuo esconde la verdad, o simplemente deja de decírsela, será probable que su novio haga suposiciones y predicciones erróneas. Cuando por fin esta verdad escondida sale a flote, como es típico, todas las decisiones erróneas tomadas en la ausencia de la verdad van a ser penosas para deshacerlas. ¿Por qué es la verdad casi siempre más simpática que algo menos que la verdad? Porque la verdad libera a ambas personas para tomar las decisiones que seguramente serán sanas y correctas.

PRINCIPIO 3: POR MÁS DIFÍCIL QUE SEA DECIR LA VERDAD, ÉSTA SIEMPRE PUEDE HONRARSE CUANDO SE LA PONE EN SU CONTEXTO MÁS AMPLIO

Yo tuve a una pareja en terapia que tenía toda clase de problemas matrimoniales. Ambos individuos estaban contribuyendo a sus problemas, cada uno en maneras muy distintas. A menudo él se comportaba ásperamente con ella; era muy insensible, y lo que le decía la dañaba frecuentemente. La reacción de ella era soltarle palabras para defenderse, y mostrarle que cuando la trataba mal, habría consecuencias negativas.

Dado el enojo y la crítica excesiva de su familia natal, esta mujer ya había sido muy lastimada, y por eso era demasiado sensible a los comentarios agrios de su esposo. Frecuentemente, su hipersensibilidad iniciaba sus interacciones negativas. Él tenía la costumbre de empezar a hablarle algo negativo, y ella respondía con más negatividad.

Mi plan era ayudarlos a ver lo que estaban haciendo para sabotear su comunicación. Tenía que mostrarles sus deficiencias en un esfuerzo de asistirles para que hicieran algunas correcciones importantes. Pero tenía que hablarles en una manera que mantuviera su dignidad. Éste es un resumen de lo que le dije a cada uno de ellos:

«John, eres extraordinariamente vivo y perceptivo. Frecuentemente, comprendes tu relación con Jane muy bien. Pero tus comentarios la hacen sentir poco querida e insultada. Necesitamos que tú pongas tus críticas en una forma que deje que Jane sienta que tú la quieres, que reconoces cuánto te importa ella, cuán duro trabaja ella, y cuán vital es su contribución para tu vida familiar. Si puedes hacer esto, tus críticas acertadas recibirán una reacción más positiva e inmediata».

Luego hablé con su esposa: «Y, Jane, todas las veces que te lastimaban cuando eras niña te han convertido en una persona sensible. Tu sensibilidad desempeña un papel muy útil en tantos aspectos de tu vida. Esta sensibilidad contribuye maravillosamente a tu cariño maternal, y tienes muchos amigos porque ellos valoran tu sensibilidad. Pero en tu relación con John, pienso que tu sensibilidad contribuye a algunas interacciones innecesarias a veces. Necesitamos que tú te hagas un poco "menos sensible", que erijas algunas defensas más eficaces cuando él tiene algo negativo para decirte, y que aprendas a tener más paciencia con él».

Te digo mis comentarios para demostrarte una manera de poner una crítica o una verdad potencialmente dañina en un contexto que mantiene la dignidad de la persona. En mi opinión, todas las verdades negativas pueden y deben ser presentadas en un contexto respetuoso como éste.

¿Y qué de las malas noticias de que un noviazgo debe terminar? ¿Cómo se debe decir? Permíteme darte un ejemplo:

«Paul, no es fácil decirte esto, y tal vez tampoco será fácil oírlo. Pero a pesar de los buenos tiempos que hemos disfrutado, he llegado a la conclusión de que sería mejor no continuar con nuestra relación. Eres un hombre muy bueno, y espero que sepas cuántas cualidades excepcionales tienes. Pero estoy buscando cierta persona que comparta mis intereses y características únicas. Simplemente creo que no somos una buena pareja y no debemos continuar juntos, a pesar de los atributos que ambos tenemos. Por supuesto, espero que puedas comprender, porque me gustas mucho, y deseo nada menos que lo mejor para ti».

El entregar este mensaje a cualquier persona sensible será difícil. Pero piensa en la diferencia entre entregarlo después del segundo encuentro en vez del segundo *año* del noviazgo. Sin duda es necesario decir la verdad, y cuanto más puedas meter esta verdad en un contexto honesto y respetuoso, más fácil será comprenderlo y recibirlo.

PRINCIPIO 4: ¡ESPERA EL DOLOR EMOCIONAL!

Si te propones decir la verdad sin lastimar, nunca la dirás. Obviamente, lo que tenemos que comparar es el dolor emocional que se producirá si dices la verdad ahora comparado con el dolor que causará si simplemente esperas hasta «un tiempo mejor». Si tus noticias son negativas, es imposible dárselas a alguien sin lastimarlo. Pero es casi cierto que provocará más sufrimiento si esperas mucho tiempo.

Algunos individuos tienen un miedo increíble cuando piensan en la idea de dar malas noticias. Harán casi todo lo posible para evitarlo. Desafortunadamente, a menudo estas personas se casan con alguien en vez de rechazarlo. Literalmente los conducen a un matrimonio condenado al fracaso en vez de decirles alguna verdad que puede ser angustiosa.

Comprendo esto porque yo crecí con la idea de que necesitaba agradar a las demás personas. Llegué a tener un miedo terrible de decir cualquier verdad apenada. Pero tuve que pagar tantas veces por mi fobia, y con tanta pena, que poco a poco aprendí a enfrentarme con la verdad, de decirla pronto y con sensibilidad, y de experimentar cualquier dolor que la acompañara, sabiendo que las consecuencias a largo plazo de no decir nada serían significativamente peores. Más importante, aprendí a aceptar el principio que las malas noticias nunca pueden llegar completamente sin dolor.

PRINCIPIO 5: CASI TODO EL MUNDO QUIERE SABER LA VERDAD

Los individuos que prefieren creer lo que no lastima, aunque no sea verdadero, «se rinden a lo inmediato». Ellos deciden entumecerse ahora y pagarlo en el futuro. Pero la mayoría de la gente no deja de ser susceptible a esta estrategia fatal, dado que el costo final de evitar la verdad será mucho más caro que el costo de aceptarla. Ellos quieren saber la verdad, ahora mismo, aunque no sea fácil aceptarla.

Trato de no decirle «la verdad» a nadie hasta que estoy convencido de que realmente es la realidad. Si no estoy seguro de lo que es verdadero para mí, espero hasta el momento apropiado. Frecuentemente, una verdad parcial revelada no permite el descubrimiento de una verdad completa. La verdad parcial tiende a elevar la ansiedad de una o ambas personas, así que la totalidad se hace más alusiva.

Pero una vez que yo sé la verdad, intervengo pronto. ¿Por qué? Porque he aprendido que todo el mundo, desde las profundidades de sus entrañas, desea mucho oírla. Y, de veras, tienen todo el derecho de oír y saber la realidad.

PRINCIPIO 6: CUANDO DICES LA VERDAD, LOS RESULTADOS CASI SIEMPRE SON EXTRAORDINARIAMENTE POSITIVOS

¡Qué concepto tan poderoso es éste! Cuando tú aplicas este concepto a la comunicación de una decisión negativa en una relación, te da el valor necesario para decirlo y actuar sobre tu decisión.

A veces se tarda un tiempo para que la verdad se venza. Unos alumnos y clientes han regresado a verme años después del hecho para agradecerme por haberlos tratado honestamente. He conocido a veintenas de individuos que también decían la verdad sin reparos en sus noviazgos, y casi sin excepción, la pareja llegaba a apreciar el hecho de que la realidad había prevalecido, por supuesto no inmediatamente, pero casi siempre a la larga.

DECIDE RÁPIDAMENTE, PERO NO PIERDAS UN «DIAMANTE EN BRUTO»

Al mismo tiempo que te propongo las nuevas directivas para saber prontamente si una relación no tiene futuro, quiero persuadirte de la enorme importancia de dar a cada relación la oportunidad de revelar su valor subyacente. De vez en cuando, una relación comienza mal, pero con el tiempo el hombre y la mujer descubren que hacen buena pareja. Con respecto a las relaciones, ésta es la aplicación del refrán antiguo que habla de hallar un diamante en bruto: Puede que ahora esta persona no parezca nada especial, pero con un pulido, ¡mira como brilla! Conozco a una mujer que actualmente está casada con un hombre que antes, según aquélla, no llegaba a «sus criterios». Él no era tan guapo como ella esperaba en el hombre de sus sueños. No «se veía bien» y sus amigos íntimos se preguntaban por qué estaba saliendo con él.

Pero con el tiempo, mientras ella se enteraba de las numerosas cualidades excepcionales que no eran obvias al principio, entendía cuán maravilloso era ese hombre. Aunque él no tenía las facciones superficiales que ella pensaba que quería, era un hombre de tanta inteligencia, de tanto carácter impecable, y tanta sensibilidad que, con el tiempo, ella estaba muy contenta que había estado abierta a la relación, dándole la oportunidad de florecer.

Entonces, verás que la lucha entre las dos opciones contrarias se hace evidente. Es absolutamente crucial tomar una decisión de terminar una relación que no funciona lo antes posible. Pero a la vez es igualmente necesario dar a cada relación la oportunidad de florecer y crecer si de veras existe el potencial de ser exitosa.

¿ES UN DIAMANTE PARA GUARDAR O UNA PIEDRA PARA TIRAR?

Francamente, hay muy pocas parejas que terminan su relación pronto cuando parece que un poco de paciencia revelará una asociación maravillosa a largo plazo. Pero, cuando la relación termina, seguramente es una pérdida seria, y jamás es agradable cuando ha sucedido, o *posiblemente* haya sucedido.

Con el tiempo, he aprendido tres principios para evitar que los solteros tiren un diamante que pensaban que era sólo una piedra.

Primero, estudia a la persona desde adentro hacia afuera. Las características que realmente te importan, y las cualidades que perduran son las más cercanas a la médula de él o ella. Las cualidades externas y superficiales generalmente atraen nuestra atención, pero las virtudes que pueden contribuir al reconocimiento del individuo como un diamante en bruto son, en gran parte, las que residen en la médula de su ser, las que tienen que ver con el carácter, la personalidad, la espiritualidad, la amabilidad, la generosidad y la ternura. Si evalúas estas características cuidadosamente, es probable que descubras los individuos que «se pueden pulir» para ser diamantes.

Segundo, si alguien no tiene ninguna de tus cosas intolerables, pero no estás seguro que él o ella tenga tus requisitos, ¡toma tu tiempo!

Es más probable que pierdas un diamante en bruto si no evalúas las virtudes de alguien, tal vez porque estas virtudes estén escondidas bajo unas facciones menos deseables, o posiblemente porque las virtudes nunca han sido expuestas por causa de la timidez o la conducta pasiva de la otra persona.

Conozco a una mujer que es muy tímida, y se pone ansiosa con cada relación nueva. Ella está poco dispuesta a «venderse». Pero esta mujer era la alumna que dio el discurso de su graduación, es una violinista sumamente experta, y es profundamente espiritual. Es más, ella se anima en sus interacciones después de varias salidas con el mismo individuo, sólo necesita un poco de tiempo para entrar en confianza. Cuando ella está cómoda con alguien, todas sus cualidades excepcionales empiezan a emerger. ¿Es ella un diamante en bruto, o no?

Si vas a descubrir un diamante, tienes que ser paciente al comienzo del noviazgo. Así que, permíteme repetir: Si ella no tiene ninguna de tus cosas insoportables, pero todavía no sabes cuántos requisitos tiene, ¡dale tiempo!

Tercero, si encuentras a alguien que tiene un trastorno de carácter, huye hacia la salida más cercana. Simplemente no hay ningún diamante en bruto cuando se trata de un defecto de carácter. (Si te preguntas qué es un desorden de carácter, vuelve a leer el capítulo 7.) De hecho, cualquier persona que muestre las indicaciones de un trastorno de carácter nunca se puede calificar como un diamante en bruto.

Una de las dificultades más importantes en la búsqueda del amor de tu vida es tomar una decisión temprana en la relación, para evitar los errores serios y el dolor emocional más tarde, mientras que estás buscando algunas cualidades «de las profundidades de la médula» que posiblemente no observes en tu primer análisis.

Conclusión

El secreto para ser un compañero y novio sumamente efectivo es saber precisamente lo que haces, o sea, saber exactamente quién eres, exactamente qué es lo que quieres y no quieres en tu pareja, y exactamente cómo, en el comienzo de un noviazgo, leer a una persona como un libro. Si aprendes estas tres cosas, vas a mantener tu «nivel de frustración romántica» al mínimo, reducir significativamente la angustia que experimentas y causas, y más probablemente volarás como un cohete hacia el amor de tu vida.

Recuerdo una conversación con una mujer llamada Jan, quien venía para tratamiento psicoterapéutico. Ella tenía treinta y dos años, era medianamente atractiva, viva, muy trabajadora, con una personalidad amable. Más que nada, ella quería

estar casada, pero había pasado desde sus veintiún años en lar-
gas relaciones que producían muy buenos tiempos y nada más.
Examinamos muy cuidadosamente cada una de las relaciones, y
Jan siempre decía, «Quería mucho a fulano, pero simplemente
no era para mí. Sabía la verdad, pero no la *quería* saber. Continué saliendo con él porque esperé hasta perder la esperanza que
él era mi futuro marido, porque quería casarme, y no sentirme
atascada. Quería tener hijos y comenzar una familia».

Le pregunté: «¿Cuándo supiste que Bob (o Jim, o Bill) no
era la persona indicada?»

Ella pensó un momento y me dio una respuesta más o
menos igual sobre cada relación.

«Pues, supongo que sabía desde el comienzo», me decía. O,
«Muy pronto después de comenzar la relación sabía que no éra-
mos compatibles».

Cuando habíamos terminado nuestra exploración de estas
relaciones, le pregunté, «Entonces ¿por qué no terminaste con
estos hombres más temprano si sabías que ibas a hacerlo más
tarde de todos modos?»

«Porque no sabía si tendría otra oportunidad», contestó.
«Pensaba que tal vez era mi única oportunidad importante. No
quería abandonar lo que *sí tenía* para buscar a alguien que temía
que no existiera».

Luego Jan y yo hicimos un análisis de lo que su conducta
de «pegarse a un hombre» le había costado. Se redujo a esto:

Durante el tiempo que salía con cada uno de sus tres novios, ella estaba enviando mensajes a todos los demás hombres que conocía, diciéndoles que ya no estaba libre. Con estas acciones, ella había perdido todas las oportunidades de hallar al amor de su vida, y al mismo tiempo intentaba tener relaciones exitosas cuando sabía que no había posibilidades desde el comienzo.

DESTREZAS QUE CAMBIARÁN TU VIDA COMO NOVIO O NOVIA PARA SIEMPRE

Solamente hay tres cosas que tienes que aprender muy bien para mantener el control total del proceso del noviazgo:

1. Tienes que conocerte tan a fondo que puedas identificar precisamente la clase de persona con quien necesitas casarte para ser feliz.

2. Tienes que averiguar las diez cosas más importantes en tu lista de requisitos, y las diez características más importantes en tu lista de cosas insoportables.

3. Tienes que aprender a leer a una persona como un libro, para determinar si un novio o una novia tiene todos tus requisitos y ninguna de tus cosas insoportables.

Las buenas noticias son que puedes convertirte en el dueño de estas áreas. Y puedes aprender a manejarlas tan eficazmente que en solamente dos encuentros vas a saber con seguridad si vale la pena continuar una relación con cierta persona. Si tu decisión es «Alto», puedes terminar la relación con dignidad y respeto. Si tu decisión es «Adelante», puedes continuar intrépidamente y seguramente. De todos modos, saldrás ganando.

Si has perdido mucho tiempo con las personas que no satisfacen tus criterios para nada, entonces *ahora* es el momento indicado de dejar de hacerlo. Si has sufrido o causado demasiada angustia porque permitías que una relación se hiciera larga, *ahora* es el momento para un cambio. Puedes tomar el control de tu vida como novio o novia, para que jamás vuelvas a permitir que una relación sin futuro continúe más allá de la segunda cita romántica.

TRES PRINCIPIOS IMPORTANTES
PARA TENER EN CUENTA

Primero, debes ensayar el hecho de que un matrimonio fracasado es mil veces peor que ninguno. Si eres tentado a proceder y salir con alguien que obviamente no es la persona indicada para ti, todo porque tienes miedo de que pueda ser tu última oportunidad, o porque piensas que con mucho esfuerzo podrías cambiar la situación, recuerda este principio. Si acabas sin matrimonio, sería mucho mejor que casarte con la persona inapropiada.

Segundo, el compromiso que haces con tu propia felicidad es más grande e importante que el casarte con alguien sólo para estar casado. En mis conferencias por toda Norteamérica, sigo enfatizando una verdad fundamental: Puedes estar profundamente contento sin estar casado. Soy un gran creyente en la maravilla del matrimonio, pero conozco a miles de personas que están profundamente contentos y sanos emocionalmente. Su felicidad es mucho más importante para sus vidas que el mero hecho de estar casados.

Tercero, el actuar decisivamente temprano en una relación tiene una importancia enorme en tu vida. He repetido este principio a través de todo este libro, pero la importancia de este punto no me ha impresionado tan fuertemente como ahora: Un porcentaje extremamente alto de todos los fracasos matrimoniales se debe al hecho de que los dos se niegan a terminar su relación cuando todavía son capaces de tomar una decisión objetiva. Si se permite la intimidad por mucho tiempo, posiblemente incluso por razones honorables pero insuficientes, a menudo los novios no van a poder recuperar su objetividad y tomar las decisiones difíciles que pueden salvarlos de la angustia insoportable a largo plazo.

Has leído el libro entero, y supongo que tienes muchas ganas de encontrarte con el amor de tu vida. Yo quiero lo mismo también, ¡muchísimo! Déjame terminar con esta nota de esperanza: Estoy muy emocionado sobre lo que te va a pasar en los próximos uno o dos años. Es muy probable que los solteros en Norteamérica estén preparados para mejores tiempos que nunca. No solamente sabemos lo suficiente para reducir el índice de divorcio radicalmente, sino también tenemos programas disponibles que ofrecen nuevas posibilidades magníficas para cada soltero del mundo. ¡Estate listo!

Saludos a ti y a tu felicidad. Haz lo necesario para convertirte en un experto en tu vida como novio o novia. Y luego, posiblemente tu deseo se logrará: Encontrar la felicidad completa en tu corazón, y luego hallar al amor de tu vida, el cual será tu compañero, amigo y amor del alma para siempre.

Apéndice uno

LA SELECCIÓN DE
TU CÓNYUGE

LAS VEINTINUEVE VARIABLES
ESENCIALES DE COMPATIBILIDAD
EHARMONY

A sorpresa de nadie, el matrimonio tiene grandes problemas en nuestra sociedad. Considera estas cinco estadísticas:

1. De todos los primeros matrimonios, sólo el veinticinco por ciento son exitosos y perduran.

2. En más de la mitad de todos los matrimonios, por lo menos un esposo ha estado casado anteriormente, y en casi el quince por ciento de todos los matrimonios, por lo menos un esposo ha estado casado tres veces o más.

3. El veinte por ciento de todos los primeros matrimonios fracasa dentro de los cinco años de la fecha de la boda. El treinta y tres por ciento fracasa dentro de los diez años. Y el cuarenta y tres por ciento fracasa dentro de los quince años.

4. El setenta por ciento de todas las personas en nuestra sociedad han sido afectadas por el divorcio, ya sea por el divorcio de sus padres o por el suyo.

5. Aunque una mayoría de individuos escogen su pareja sobre la base de la apariencia y la atracción química, el hecho es que entre el setenta y cinco y el ochenta por ciento de la química se evapora dentro de los seis a ocho meses, a no ser que la relación sea significativamente apoyada por una compatibilidad profunda y duradera.

LA IMPORTANCIA RADICAL DE LA ELECCIÓN

La elección de un compañero matrimonial es la decisión marital *más* importante que un individuo tomará. Cuando se toma una buena decisión, teniendo en cuenta la plenitud de su complejidad, los matrimonios resultan ser muy felices en un gran porcentaje de los casos. Pero cuando se toma una decisión repentina, con muy poca información, aun para los individuos bien intencionados, el matrimonio se pondrá a prueba, pronto y con frecuencia.

Nuestras investigaciones indican que en el setenta y cinco por ciento de todos los matrimonios que terminan en separación, divorcio o disgusto, hubo problemas desde el primer día. Ambas personas involucradas simplemente se casaron con alguien que no era compatible. ¿Podrían haber elegido mejor? ¡Sin duda! Ha habido poca atención enfocada en el trabajo complejo de escoger un compañero marital. La investigación empírica sobre el asunto es muy inadecuada. La legislación federal y estatal ha sido dirigida a los consejos premaritales y a la consejería matrimonial.

Desafortunadamente, por bien intencionados que sean estos programas, ninguno de ellos tiene mucha posibilidad de cambiar la epidemia del deteriodo matrimonial. Si un hombre y una mujer se casan, pero no son compatibles en una gran variedad de dimensiones esenciales, esta relación casi nunca será corregida por la fuerza de voluntad y el aprendizaje de algunas habilidades. Tal vez el matrimonio perdure, pero probablemente la falta de compatibilidad vaya a resultar en un bajo nivel de satisfacción para ambas personas.

Nuestra investigación ha identificado veintinueve variables que tienen que ser pasadas por el tamiz, igualadas y manejadas para que una pareja sienta que ha encontrado «al compañero de su alma». La siguiente lista de factores es el resultado de la investigación de eharmony, que involucró a unas cinco mil personas casadas.

GRUPO NÚMERO UNO:
LAS DIMENSIONES
PARA PASAR POR EL TAMIZ

1. *Buen carácter.* Ningún matrimonio va a tener éxito si uno de los esposos no es una persona «de buen carácter». La palabra, «carácter», como la usamos aquí, tiene que ver con la integridad de alguien; o sea, principalmente con la honestidad. El término, «un desorden del carácter», por ejemplo, se refiere a la tendencia de una persona a «mentir, estafar y robar» para su propia ventaja. El primer factor de pasar por el tamiz es el carácter de ambas personas.

2. *Calidad del conocimiento de uno mismo.* Toda la sanidad emocional comienza con un auto-concepto bien formado. En un matrimonio, si ambos se conocen bien a sí mismos como individuos, aun en sus partes internas más intimas, y si cada uno es responsable por todas las partes de ellos mismos, la «fuerza de sí mismo» les dará una base fuerte para erigir una vida conyugal, aun bajo las circunstancias difíciles.

3. *Ausencia de una indicación de peligro.* Sin adicciones, neurosis, trastornos del pensar, ni defectos afectivos. La presencia de *cualquiera* de estas «condiciones patológicas» puede poner en peligro el éxito marital. Ningún matrimonio se debe iniciar hasta que todas estas indicaciones de peligro estén completamente resueltas. El esperar que un matrimonio cause que

alguien, por ejemplo, «deje su borrachera» es una esperanza con mucha fantasía y poco realismo.

4. *Manejar el enojo.* Más relaciones maritales terminan cada año porque ambas personas no saben cómo manejar el enojo en su relación íntima que por cualquier otra razón singular. Dado que casi todo el mundo experimenta el enojo, y fácilmente se puede manejar impropiamente en una relación íntima, se debe prestar cuidadosa atención al nivel de control que la persona tiene en esta área. Si cualquier individuo tiene una historia de problemas de descontrolarse cuando está enojado (la exploción, la somatización, la dirección del enojo contra su psique, o el disimulo), esto causará grandes problemas en la relación marital.

5. *Testarudo y criticón.* Una cualidad que puede destruir un matrimonio es una actitud crítica. Aun si esta actitud es, en gran parte, independiente de las acciones de la otra persona, puede llegar a ser una fuente constante del estrés marital. Una característica que se debe investigar antes del matrimonio, de parte de ambas personas, es la tendencia a ser muy crítico, de culpar al otro, y/o no darle la razón, y la necesidad de pintarse como el que siempre «tiene razón». Esta característica está muy relacionada al resultado de alguien en la escala del «optimismo-pesimismo». Cuanto más pesimista sea alguien, más probable será que él o ella sea testarudo y criticón.

6. *Ideas sobre la familia.* El criar hijos requiere un compromiso profundo y duradero. El impulso de hacerlo, o no hacerlo, generalmente emerge de un lugar central y sumamente personal en el interior del ser. Es absolutamente crucial que las parejas hablen mucho sobre esta dimensión y tomen sus decisiones correspondientes antes de empezar un noviazgo serio, y aun más un matrimonio comprometido. Si un individuo tiene un fuerte deseo de ser padre o madre, y el otro individuo no lo tiene, va a ser un encaje malo, aunque sean compatibles en las otras dimensiones. En estos días de tantas relaciones de segunda y tercera vez, la cuestión de la voluntad y la pasión de parte de una pareja para compartir el encargo de criar hijos, tal vez como padrastro o madrastra, es igualmente fundamental. También es vital el tema relacionado, o sea, ¿cuánta autoridad tendrá el nuevo padre o la nueva madre? Finalmente, si se decide que habrá niños involucrados en la familia, se debe prestar atención a los estilos preferidos de criar niños.

7. *Origen familiar.* Si uno o ambos individuos han crecido en una atmósfera familiar no saludable emocionalmente, tiene que haber evidencia adecuada de que el impacto de esta atmósfera ha sido reconocido y resuelto. Es más, cada persona necesita venir a la vida conyugal con el apoyo de las figuras principales, o con una buena comprensión de por qué el apoyo no está disponible. Finalmente, cada uno tiene que averiguar si sus parientes políticos serán influencias positivas, y si no, si pueden manejar las relaciones con ellos eficazmente.

Grupo número dos: Dimensiones fundamentales, representando las características relativamente difíciles de cambiar

8. *Inteligencia.* Hay un cuerpo considerable de datos clínicos y empíricos que demuestra la importancia de la paridad intelectual en una relación marital. No hay evidencia que indique que las dos personas tienen más éxito en un matrimonio si ambos son muy inteligentes, pero sí hay evidencia que ellos tienen más éxito marital si caben en los niveles intelectuales similares, sea lo que sea. Técnicamente, hay una regla general de que no debe haber una diferencia más que una desviación estándar entre los dos en cuanto a su inteligencia.

9. *Energía.* Los matrimonios tienden a ser más exitosos cuando los niveles de energía de ambas personas son similares. Si uno de ellos es muy energético y otro mucho menos, sin duda habrá problemas. Aunque a menudo la cantidad de energía que alguien tiene es indicativa de la salud emocional, dos personas con relativamente poca energía pueden formar una relación positiva si cada uno acepta el nivel de energía del otro.

10. *Espiritualidad.* Tal vez ninguna dimensión tenga más necesidad del vínculo correcto para todos los novios que ésta. Sin embargo, a la vez es una de las dimensiones más complejas. Primero, la fe específica de cada uno debe ser igual. Por ejemplo, en cuanto a la cristiandad, es importante saber lo siguiente:

189

si uno es protestante o católico, su preferencia de denominación, su grado de participación, etcétera. Además, es una buena idea llegar a una «alineación de creencias» sobre el papel de la iglesia, la naturaleza de Dios, la oración; y la función de la autoridad bíblica, y su relación a los asuntos teológicos específicos. Si ambos no tienen una fe espiritual, aun esto requiere un emparejamiento cuidadoso.

11. *Educación.* Aunque la inteligencia es importante, nuestra investigación indica que para una sub-muestra grande (que incluye más mujeres que hombres), el nivel educacional más o menos igual es un factor crucial. Por ejemplo, con frecuencia las mujeres que han terminado sus estudios del colegio o sus estudios posgraduados prefieren vincularse con hombres que han alcanzado más o menos lo mismo. Hay muchos matrimonios que funcionan bien sin la paridad educacional, pero si la educación ha recibido mucha atención durante los años de la crianza de alguien, entonces esta dimensión merece la atención apropiada.

12. *Apariencia.* En la cultura en general, ésta es, sin duda, la dimensión de observación más frecuente. Hemos concluido que no es posible emparejar exitosamente según la atracción química, pero es más posible hacerlo en la dimensión de apariencia. La mayoría de las personas están más cómodas al estar vinculada con un compañero marital del mismo «grado» con respecto a la apariencia. Por ejemplo, cuando las personas son

evaluadas en cuanto a su apariencia según una escala de siete puntos, y cuando se las empareja con algunas personas que reciben el mismo puntaje, o aun un punto más o menos que ellos, generalmente están contentos. Se debe notar que los esposos que están enamorados típicamente dan a su pareja dos o tres puntos más altos en la escala en la categoría de apariencia que lo que haría un jurado objetivamente.

13. *Sentido del humor*. Más allá del hecho de que el «sentido del humor» contribuye significativamente a lo atractivo que sea una persona en general, es una dimensión clave en la creación de un lazo marital durante el curso del matrimonio. La risa es muy terapéutica en cada relación íntima, y hay evidencia que en los matrimonios donde hay poca risa, las parejas tienden a sufrir mucho más en las temporadas de prueba. El tener un «sentido del humor» en común no requiere que ambos tengan la misma capacidad de engendrar el humor. Puede que una persona lo haga muy bien, mientras la otra persona sirva como su audiencia apreciada. La investigación indica que el criterio clave en este respecto es que ambas personas experimenten los efectos compartidos del liberar, aligerar y aclarar las cosas por medio de la risa. Hay una correlación fuerte entre las parejas «felices» y las parejas que, según la opinión, tienen un sentido del humor bien formado.

14. *Manejar su humor*. Es sumamente importante que dos individuos combinen bien en cuanto a sus humores. Si uno de

ellos tiene fluctuaciones grandes de humor, el otro necesita tener un alto nivel de tolerancia de esto. Es esencial descubrir el manejo de los humores de cada uno para ver si esta área no será conflictiva en el matrimonio con el tiempo.

15. *Orientaciones de la personalidad generalmente tradicionales contra no tradicionales.* Si dos personas son muy tradicionales en su orientación sobre la vida, tienden a llevarse bien. Si un individuo no es nada tradicional, será importante buscar otro individuo del mismo modo. Por ejemplo, si alguien prefiere que la vida sea muy predecible, y dedica mucho tiempo en planear los eventos futuros (los eventos que ocurren al día siguiente, la próxima semana, o en unos meses), este individuo probablemente será infeliz con alguien que prefiera mucha espontaneidad, alguien que esté irritado cuando hay demasiado «planeamiento».

16. *Ambición.* Nuestra investigación revela que dos esposos bien vinculados necesitan aproximadamente la misma cantidad de ambición. Cuando la tienen, y asumiendo que estén igualmente listos para respaldarla con una cuantía proporcionada de trabajo duro, tendrán una cualidad en común que contribuirá sustancialmente a la armonización de su relación. Por el lado negativo, si hay una gran diferencia entre los individuos en cuanto a la cantidad de ambición, habrá mucho estrés entre ellos. Una persona estará enfocada en perseguir el avance y la otra resentirá la cuantía del tiempo y energía que esto requiere.

17. *Pasión sexual.* Los individuos involucrados en la relación pueden evaluar la química interpersonal, y sólo ellos, pero se puede medir el grado de «pasión generalizada» que una persona posee. La pasión de la cual estamos hablando aquí es la pasión sexual, y nuestro objetivo es vincular a dos personas que tienen relativamente niveles similares de pasión sexual.

18. *Pasión artística.* Algunas personas tienen, hasta sus entrañas, inclinaciones artísticas. Para ellos es un rasgo personal substancial. A veces estos individuos tienen habilidades artísticas. Puede que toquen un instrumento, escriban la música o la poesía, pinten, esculpen, o canten. Otra gente no puede hacer cosas artísticas pero tiene un fuerte interés en observar, escuchar, leer y sentir. Si una de estas personas «inclinadas artísticamente» está vinculada con alguien que no tiene ninguna de estas habilidades o pasiones, ellos son como dos extranjeros con poca compatibilidad del «alma». La mayoría de individuos con sentimientos e intereses artísticos fuertes, simplemente tienen que estar emparejados con compañeros que tengan un poco de lo mismo. Si no, su matrimonio casi nunca funciona.

19. *Orientación de valores.* Es crucial que los esposos tengan valores similares en cuanto a lo esencial de la vida. Por ejemplo, sus valores sobre temas sociales, políticas, y del ambiente ecológico son sumamente importantes. También, tienen que estar muy de acuerdo en cuanto al dinero. Sus opiniones sobre ahorrar dinero y donarlo deben ser parecidas. Cuando dos individuos

en una relación marital tienen valores que son muy congruentes, casi siempre funciona mejor.

20. *Industria*. Esta dimensión tiene que ver con la orientación hacia el trabajo. Si uno es «muy trabajador» y el otro es un haragán, probablemente habrá reacciones de resentimiento y culpabilidad. Por ejemplo, si la mujer se levanta más temprano, trabaja con más intensidad durante el día, y todavía tiene trabajo que hacer en la noche, mientras el hombre se levanta más tarde, solamente hace un trabajo mediano, y deja de trabajar a última hora de la tarde para jugar un partido de golf, esto va a introducir una tensión considerable en su relación. Cuando un esposo se queja de la otra persona, diciendo que él o ella son «perezoso», y la persona «perezosa» se queja que el otro es un «adicto al trabajo» u «obsesivo», probablemente haya poca compatibilidad en la dimensión de industria.

21. *Curiosidad*. Esta dimensión llegó tarde en nuestra lista de cualidades cruciales para hacer buena pareja. Tiene que ver tanto con una necesidad de estimulación, como con una estrategia personal de perseguir más información por medio de su curiosidad. Si una persona está «satisfecha por lo regular» con relativamente limitada información sobre cualquier cosa, mientras su pareja tiene una necesidad apremiante de «saber más», típicamente esto va a resultar en que cada uno tire para su lado. La curiosidad no es saludable todo el tiempo (por ejemplo: «la curiosidad mató al gato»), pero el grado de sanidad representa-

do por la curiosidad no tiene nada que ver con el caso. En un emparejamiento marital, estamos buscando dos esposos que «armonicen», que se relacionen fácilmente con el estilo de su pareja. Aunque la pareja pueda ser complementaria, en relación a estas diferencias, nuestra investigación muestra que la similitud en las dimensiones como la curiosidad llega a más satisfacción marital a largo plazo.

22. *Vitalidad y seguridad.* En dieciséis estudios interculturales, la característica número uno de los hombres en cuanto a la elección de una esposa es «la fertilidad», y la cualidad número uno de las mujeres es la seguridad. Aparentemente los hombres buscan mujeres sanas y vitales, y las mujeres buscan hombres que puedan proveer la seguridad económica y física, especialmente durante los años de tener y criar a sus hijos. Estas cualidades, excepcionalmente importantes en el emparejar, tienen que dejar la pareja con el sentido de haber «conseguido un buen trato» y «provisto lo máximo posible» en el área de su necesidad más fundamental.

23. *Autonomía contra intimidad.* Si un esposo desea mucha autonomía para estar solo y hacer lo que le gusta, y si el otro quiere mucha más intimidad y participación en la relación, el emparejamiento será difícil. Es crucial descubrir la cantidad de autonomía y la intimidad requeridas por dos individuos y emparejarlos en base a sus resultados en estas áreas.

Grupo número tres: Habilidades necesarias que pueden ser desarrolladas en la construcción de una relación saludable

24. *Comunicación*. Dos compañeros para toda la vida necesitan un nivel de *interés* más o menos igual en la comunicación interpersonal, y una *capacidad* parecida para comunicarse. Aunque ésta puede ser una dimensión que se pueda cambiar a largo plazo (en gran parte porque los hombres en nuestra cultura reciben tan poco ánimo y educación en la comunicación), el asunto de cuánto y cuán bien las dos personas se comunican actualmente está entre el segundo y el tercer lugar de las quejas más frecuentes cuando los matrimonios se encuentran con problemas. En realidad, la gran mayoría de mujeres quieren más comunicación que su marido, y también es más capaz de comunicarse bien. Cuando un esposo no está interesado en, o no es muy capaz de, comunicarse, especialmente cuando su pareja es todo lo contrario, el matrimonio tiende a estancarse y ser frustrante para ambos.

25. *Resolución del conflicto*. Ambos individuos tienen que ser capaces de resolver el conflicto para que un matrimonio sobreviva y prospere. *Habrá* conflicto en cada relación, y si éste no se resuelve pronto, la relación sufrirá. La resolución del conflicto es un ejemplo de una variable premarital que es una actitud y una habilidad. Si la actitud de una pareja es positiva acerca de la necesidad de resolver los conflictos, y si está dispuesta a hacer el esfuerzo, la habilidad se puede desarrollar muy fácilmente. Pero si uno o ambos individuos parecen estar poco dispuestos o ser incapaces de llegar a un acuerdo, de hablar a fondo, de escuchar las opiniones del otro, su relación sufrirá más y más a largo plazo.

26. *Sociabilidad*. El grado de relaciones interpersonales que ambos individuos desean, y hasta que las superan, tiene que ser similar para que la relación prospere. Por ejemplo, algunas personas están muy atraídas a las demás personas, pero otras prefieren pasar mucho más tiempo solas o solamente en una relación principal. Con el tiempo, esta variable será probada repetidas veces. Es una cosa que el emparejamiento premarital tiene que tener en cuenta.

Grupo número cuatro: Cualidades cruciales que pueden desarrollarse como consecuencia del manejo cuidadoso de la vida emocional

27. *Adaptabilidad*. Al fin y al cabo, posiblemente ésta *pueda ser* la dimensión más importante de todas. En una sociedad donde el cambio es tan prominente, donde hay una diferenciación e individualización creciente, la necesidad de adaptabilidad es crucial. Si todas las dimensiones encajaran perfectamente, o

casi perfectamente, podríamos aceptar un puntaje bajo de adaptabilidad. Pero cuando hay alguna diferencia entre los individuos, buscamos la característica de adaptabilidad para ver si el cambio frente a una circunstancia imprevista puede suceder con el tiempo.

28. *Amabilidad.* En los dieciséis estudios interculturales que mencioné antes, los hombres y las mujeres evaluaron la amabilidad como la segunda cualidad más importante para un futuro esposo. Cuando un probable esposo tiene una capacidad bien formada de relacionarse con amabilidad hacia la gente, ya sea hacia su esposa, sus hijos, sus amigos, o aun los extranjeros, esta cualidad siempre enriquece y hace más profunda la relación marital. Aunque a menudo la gente amable puede mantener su simpatía por mucho tiempo sin la reciprocidad de su pareja, los matrimonios verdaderamente excepcionales son los casos en que la amabilidad es correspondida.

29. *Dominación contra sumisión.* Si un cónyuge es muy dominante, un matrimonio funcionará mejor si el otro cónyuge es mucho más sumiso. La investigación revela que el emparejamiento de dos personas muy dominantes, o muy sumisas, lleva a problemas en la relación. Aunque es preferible clínicamente tener dos esposos no muy dominantes ni muy sumisos, una relación satisfactoria puede formarse con el emparejamiento de alguien que tiene los puntajes altos en una característica con alguien con los puntajes bajos en la otra.

Apéndice dos

¿POR QUÉ EHARMONY.COM?
¿POR QUÉ AHORA?

América ha sido afectada por una epidemia devastadora de matrimonios quebrantados.

Más del setenta por ciento de los ciudadanos de Estados Unidos han experimentado el divorcio, o de sus padres o del suyo. En números reales, esto significa que 196 millones de hombres, mujeres y niños de la población total de 291 millones en los Estados Unidos han sido sometidos a matrimonios quebrados.

Los índices de divorcio se mantienen en el cincuenta por ciento, pero esto tiene que ver más con los solteros menos dispuestos a casarse que una reducción verdadera en las rupturas. De hecho, la mayoría de solteros preferirían casarse si supiera que podría casarse bien. *Escoger* al esposo apropiado tiene más que ver con el éxito a largo plazo de un matrimonio que la combinación de todos los otros factores que vienen después del matrimonio.

Eharmony.com al rescate.

Si eharmony.com puede alcanzar a 3 millones de solteros en los próximos treinta meses, será la mejor solución hasta ahora para cambiar significativamente la tragedia nacional del divorcio. Si podemos reducir el índice de divorcio en Estados Unidos un diez por ciento, *¡afectará directamente las vidas de 10 millones de personas en una generación!*

La oportunidad de hacer una diferencia significativa en las vidas de los 8.5 millones de solteros en Norteamérica es la fuerza motriz bajo eharmony.com. Eharmony.com fue fundado con una premisa sencilla pero poderosa: al proveer a los solteros una fuente de candidatos compatibles, conectada con la educación y la ayuda bien orientada, estos individuos pueden hacer una selección informada y clara de un esposo, y esto aumentará mucho las posibilidades de los matrimonios duraderos y felices.

El servicio de eharmony nació de un proyecto investigativo extensivo y empírico que identificaba las veintinueve dimensiones esenciales para que una relación pueda tener éxito y prosperidad. Así que en vez de unir a las personas en base a sus preferencias y disgustos superficiales, eharmony empareja a los solteros según los factores importantes de valores, creencias y personalidad que forman el fundamento de un matrimonio sano y estable.

Eharmony habla específicamente al cáncer social más predominante de hoy en día: los matrimonios fracasados. Pero eharmony desea dirigir el debate nacional del asunto de las relaciones quebrantadas y las pérdidas monumentales experimentadas por la progenitura, al asunto de la importancia de *escoger* la pareja indicada para adquirir el éxito marital.

SOBRE EL AUTOR

Neil Clark Warren es uno de los expertos Norteamericanos más respetados en el área de las relaciones, el matrimonio y la selección de compañeros maritales. Un autor de mucho éxito de librería, un orador renombrado, y uno de los primeros psicólogos especializados en las relaciones, Dr. Warren es una autoridad en superar problemas para llegar a tener una vida satisfactoria y feliz.

Por más de treinta años, Dr. Warren ha aconsejado a miles de solteros y parejas sobre cómo obtener relaciones sanas, y cómo encontrarse con una pareja para toda la vida. Dr. Warren ha ayudado a la gente a evaluar las decisiones relacionales importantes que toman en sus vidas, y ha ayudado a individuos a hacer sus elecciones inteligentes destinadas a asegurar las relaciones sanas y duraderas. Por medio de su práctica clínica y su investigación especializada involucrando más de cinco mil parejas casadas, Dr. Warren ha podido identificar los factores clave que contribuyen a un matrimonio feliz y exitoso.

Últimamente, Dr. Warren se ha convertido en la voz de la selección de un compañero marital con el lanzamiento de eharmony.com, un servicio «web» para formar relaciones, colocado en la red mundial. Sus artículos se publican regularmente en numerosos periódicos, revistas y sitios web. Como un invitado frecuente en los programas de televisión nacionales, como *Focus on the Family, Oprah, Men Are From Mars,* y *Politically Incorrect,* sus consejos consisten en algunos principios probados a través de los años que han ayudado a millones de personas a llevar vidas más satisfactorias.

La revista *Time,* anunció que: «se debe leer» su primer libro, *Make Anger Your Ally.* Su libro exitoso *Finding the Love of Your Life* ha sido traducido a trece idiomas y recibió el premio Gold Medallion en la categoría de Primer Libro Matrimonial. Otros títulos suyos son: *Finding Contentment, Catching the Rhythm of Love,* y *Learning to Live with the Love of Your Life.*

Dr. Warren llevó a cabo su educación en Pepperdine University. Recibió la maestría de divinidad de Princeton Theological Seminary, y su Ph.D. en psicología clínica en la Universidad de Chicago.

Dr. Warren y su esposa, Marylyn, viven en el sur de California. Tienen tres hijas mayores.

Para más información sobre el sitio web, los libros, los artículos y el horario de conferencias del Dr. Warren, por favor llamar o escribir a:

eharmony.com

300 N. Lake Avenue, Suite 1111

Pasadena, CA 91101

(626) 795-4814

www.eharmony.com